ISTO É SABER VENDER

O ÚNICO MANUAL DE VENDAS DE QUE JAMAIS PRECISARÁ

PASSOS DIAS AGUIAR

Traduzido por
MANUEL MOREIRA

ÍNDICE

PREFÁCIO

POR FAVOR, NÃO ATIRE NO PIANISTA. ELE ESTÁ FAZENDO O SEU MELHOR.

Este livro tem origem em vários seminários ao vivo realizados com considerável sucesso há alguns anos em diversos ambientes. Os participantes variavam desde vendedores novatos até veteranos experientes e gerentes de vendas, abrangendo todo o espectro. Um número significativo de pessoas envolvidas em vendas multiníveis também participou entusiasticamente. O livro contém a essência dos materiais apresentados na época e incorpora um grande valor adicionado advindo das observações ponderadas e intervenções dos participantes dos seminários, bem como dos diálogos animados estabelecidos com e entre eles. Assim, reflete a abordagem descontraída e a linguagem informal utilizada nos seminários. Isso não é, de forma alguma, um ensaio acadêmico; pelo contrário, é um trabalho prático para aqueles que buscam conselhos, dicas, ferramentas e estratégias confiáveis e comprovadas que podem ser aplicadas imediatamente em ambientes reais de vendas.

Tenho certeza de que você irá desfrutar da leitura e releitura deste livro, e que obterá consideráveis benefícios ao aplicar consistentemente o conhecimento aqui contido.

Desejo a você muito sucesso e prosperidade!
Passos Dias Aguiar

O QUE OS SAPATOS DIZEM SOBRE VOCÊ?

A BUSCA POR NOVOS MERCADOS, EXPLORADORES AFRICANOS, NATIVOS DESCALÇOS, DOMÍNIO DE SI E HABILIDADES DE VENDAS.

No início do século 20, o Reino Unido era tanto o império mais formidável quanto a mais forte potência industrial que o mundo já havia visto. Mas nem tudo era brilhante e ensolarado na Velha Albion. Um fabricante de sapatos inglês, o Sr. Arbuthnot, estava profundamente preocupado com a queda nas vendas de sapatos na ilha.

Fábrica do Arbuthnot

Ele se perguntou se abrir novos mercados no exterior poderia ser a solução para o seu problema. Um homem esperto, o Sr. Arbuthnot decidiu realizar o que hoje chamamos de estudo de mercado. Ele chamou não um, mas dois de seus vendedores e os enviou para a África para fazer uma pesquisa. Ele raciocinou que, ao invés de se basear nas opiniões de apenas uma pessoa, duas opiniões lhe dariam uma imagem mais clara e sólida do potencial mercado de sapatos lá.

E assim foi que o Sr. Clark e o Sr. Cooper, os vendedores eleitos, agindo como verdadeiros exploradores africanos, embarcaram em navios rumo a dois pontos diferentes da África. Ambos foram instruídos a fazer uma primeira avaliação do mercado e a relatar o que encontraram o mais rápido possível.

Dentro de dias de chegar, o Sr. Clark telegrafou para o Sr. Arbuthnot:

"Pesquisa completa. Nativos todos andam descalços. Não há ninguém aqui que use sapatos. Não há mercado para nós. Voltando no próximo navio."

Essa avaliação bastante negativa do potencial do mercado deixa o Sr. Arbuthnot desanimado pelo resto do dia. Ele só se anima na manhã seguinte quando sua secretária lhe traz um telegrama muito diferente do Sr. Cooper:

"Pesquisa completa. Nativos todos andam descalços. Não há ninguém aqui que use sapatos. Potencial de mercado enorme. Solicitando permissão para abrir loja."

"Hum, os nativos estão todos descalços..."

O que devemos tirar disso? O Sr. Cooper certamente exibiu espírito empreendedor. Ele tinha a visão grande, ampla e flexível tão querida para o imortal Stanley Featherstonehaugh Ukridge. Mas a história dele realmente acaba aqui? Com que frequência os nativos estariam na fila na frente da sua loja para comprar sapatos? Pouco provável, você não concordaria? É verdade, ele percebeu uma oportunidade, uma necessidade insatisfeita, ele fez um bom trabalho de prospecção, mas agora ele tem muito mais coisas a fazer. Ele deve preparar sua apresentação de vendas e personalizá-la para as necessidades específicas dos clientes em potencial. Ele deve se aproximar deles e ganhar a sua atenção. Ele terá que demonstrar como seus sapatos atendem às suas necessidades (necessidades de que eles talvez nem estejam cientes). Ele terá que ouvir cuidadosamente suas preocupações e abordá-las, ou, para colocar de outra maneira, ele terá que lidar com suas objeções. E ele terá que fechá-los, para levá-los a comprar os sapatos. Finalmente, ele terá que fazer o acompanhamento, manter contato com os clientes que compraram, procurando referências e negócios repetidos. Em outras palavras, ele tem muita venda a fazer.

E o Sr. Clark? Parece que ele não possuía o otimismo, a

motivação, a determinação que só ter metas grandes e uma ambição feroz instila nas pessoas. Ou talvez ele simplesmente não se visse como um "explorador africano", alguém que prospera em se aventurar fora de sua zona de conforto. Ele provavelmente era um vendedor habilidoso, caso contrário o Sr. Arbuthnot não o teria escolhido para a tarefa, mas sua autoimagem o restringiu. Ele deve trabalhar em si mesmo antes de poder sair e confiantemente trabalhar com os outros.

Tanto o Sr. Cooper quanto o Sr. Clark se beneficiariam de ler este livro. Ele elimina o supérfluo e se concentra nos conceitos-chave e ferramentas que qualquer vendedor precisa dominar a si mesmo e desenvolver e aprimorar suas habilidades de vendas. Infelizmente, é tarde demais para o Sr. Cooper e o Sr. Clark, que possam suas almas descansarem em paz, mas não é tarde demais para você. Reserve algum tempo, procure um lugar tranquilo onde você não será perturbado, vire a página e continue lendo.

Aproveite a leitura em um ambiente sem distrações.

EM RESUMO:

- A atitude conta: você precisa estar disposto a identificar e aproveitar as oportunidades que a vida lhe oferece.
- A arte de vender conta: você precisa dela para poder lucrar com as oportunidades.

OS SETE MAGNÍFICOS

A IMPORTÂNCIA DE TER UM MODELO A SEGUIR. A PERGUNTA A FAZER QUANDO SURGE UM PROBLEMA. O CONSELHO DOS CONSELHEIROS INVISÍVEIS DE NAPOLEON HILL. SETE SUPERASTROS DAS VENDAS.

A maneira mais eficaz de acelerar a aprendizagem de uma habilidade, atitude, estilo de vida ou padrão de pensamento é emular um modelo a seguir. Um modelo a seguir é alguém que já adquiriu e dominou a qualidade que você deseja desenvolver. Identificar um modelo a seguir deve ser uma prioridade máxima para você. Pode ser alguém que você conheça pessoalmente ou alguém sobre quem você saiba, pode ser apenas uma pessoa ou várias. Em qualquer caso, descubra o máximo que puder sobre eles e comece a imitar seu comportamento. Pratique fazer a si mesmo a pergunta "O que [seu modelo a seguir] faria nesta situação?" sempre que você se deparar com um problema ou precisar tomar uma decisão difícil.

Napoleon Hill, autor do sucesso de vendas duradouro "Pense e Enriqueça", descreveu esse processo em seu famoso livro:

> [...] Segui o hábito de moldar meu próprio caráter, tentando imitar os nove homens cujas vidas e obras mais me impressionaram. Esses nove homens eram Emerson, Paine, Edison,

Darwin, Lincoln, Burbank, Napoleão, Ford e Carnegie. Todas as noites, ao longo de muitos anos, eu realizava uma reunião imaginária com esse grupo a quem eu chamava de meus "Conselheiros Invisíveis".

Para te dar um ponto de partida, identifiquei sete superastros das vendas excepcionais, todos muito diferentes entre si, e compilei uma "nano-biografia" de cada um deles. Encorajo você a ler e escolher aquele(s) que mais te impressionar, e realizar pesquisas adicionais sobre eles com o objetivo de emular suas qualidades.

* * *

DAVID OGILVY, O MESTRE DA VENDA PUBLICITÁRIA

"Em média, cinco vezes mais pessoas leem o título do que leem o corpo do texto. Quando você escreveu o seu título, já gastou oitenta centavos do seu dólar."

Após um breve período em Paris como aprendiz de chef no Hotel Majestic, Ogilvy retornou ao seu país natal, a Inglaterra, e conseguiu um emprego como vendedor porta a porta, vendendo fogões de cozinha. Seu desempenho foi tão fenomenal que a gerência pediu a ele que escrevesse um manual de instruções de vendas. Intitulado "Teoria e Prática de Vender o Fogão AGA", tornou-se uma espécie de leitura cult para qualquer pessoa interessada em vendas. O manual também o ajudou a conseguir um emprego na agência de publicidade Mather & Crowley, onde ele se tornou um executivo de contas. Ele saiu da agência para se juntar à empresa do superastro da pesquisa, George Gallup.

A Segunda Guerra Mundial interrompeu sua carreira na publicidade. Ele trabalhou para a Inteligência Britânica nos Estados Unidos e depois como secretário na Embaixada Britânica. Após a Segunda Guerra Mundial, ele tentou se dedicar à agricultura de tabaco, mas depois de um tempo voltou para a publicidade. Com a ajuda de seu ex-chefe, ele fundou a Ogilvy & Mather, que se tornou uma potência na publicidade. Ogilvy rompeu com o estilo de propaganda agressiva que era a norma na época e focou em textos longos e informativos, destacando os benefícios do produto e a construção da consciência da marca. Ele criou muitas campanhas publicitárias icônicas com slogans memoráveis, como "A 60 milhas por hora, o barulho mais alto neste novo Rolls-Royce vem do relógio elétrico". O livro seminal de Ogilvy, "Confissões de um Publicitário", revolucionou o mundo da publicidade.

MARY KAY ASH, A RAINHA DO MLM

"Todo mundo tem um sinal invisível pendurado em seu pescoço dizendo: 'Faça-me sentir importante'. Nunca esqueça dessa mensagem ao trabalhar com as pessoas."

Uma estrela das vendas nasceu quando uma vendedora de enciclopédias porta a porta ofereceu dar um conjunto gratuitamente se ela conseguisse vender 10 conjuntos de enciclopédias. Sem saber, esse era o objetivo de vendas trimestral dos melhores desempenhos da empresa. Mary Kay vendeu os 10 conjuntos em apenas dois dias.

Ela começou a vender enciclopédias em meio período com considerável sucesso até se juntar à Stanley Home Products, uma empresa de vendas diretas que oferecia utensílios domésticos e produtos de limpeza, onde se tornou uma das principais produtoras de vendas.

Em 1952, ela mudou-se para outra empresa de vendas diretas, a World Gift Co. Seu enorme sucesso lhe rendeu um assento no conselho de diretores da empresa. Ela saiu dez anos depois e fundou a Mary Kay Cosmetics, uma empresa de venda direta de produtos para cuidados com a pele.

Desde o início, a empresa evitou o uso de abordagens de venda agressivas. Em vez disso, seus consultores - termo que Mary Kay pode ter pioneirado - eram encorajados a mostrar às mulheres como elas poderiam melhorar sua aparência usando seus produtos. A lógica era que uma vez que as mulheres vissem os resultados, os produtos se venderiam. Outro pilar da empresa era seu programa de incentivos. Os melhores desempenhos ganhavam jóias de diamante, férias de luxo e um Cadillac cor-de-rosa. Mary Kay provou ser uma empreendedora de destaque, além de uma excelente vendedora. Em 2020, a empresa que ela fundou estava presente em 40 países ao redor do mundo e teve vendas superiores a 3 bilhões de dólares.

JOE GIRARD, O MAIOR VENDEDOR DE CARROS DO MUNDO

> Não importa qual produto ou serviço você venda, se você não tiver uma estratégia de referências e negócios repetidos em vigor, está trabalhando demais.

Desde que abandonou a escola, o gago Girard trabalhou como engraxate, vendedor de jornais, lava-louças, entregador e montador de fogões. Ele tinha 35 anos quando conseguiu convencer o cético gerente de vendas de uma concessionária de carros em Detroit a contratá-lo como vendedor. Depois de um curto período lá, seu sucesso incomodando algumas pessoas, ele se juntou à Merollis Chevrolet em Eastpointe, Michigan. Ele permaneceu lá por 15 anos e quebrou todos os recordes de vendas possíveis. Ele foi reconhecido pelo Livro Guinness dos Recordes como o vendedor de carros mais bem-sucedido em um ano (1.425 em 1973).

A "Lei dos 250" de Girard afirma que todos têm cerca de 250 pessoas que eles conhecem o suficiente para convidar para seu casamento ou que compareceriam ao seu funeral. A partir dessa observação, Girard deduziu que um cliente insatisfeito poderia potencialmente custar a ele 250 vendas perdidas. Por outro lado, cada cliente poderia lhe proporcionar 250 referências. Girard fazia questão de manter contato com cada cliente após a venda. Ele mantinha um arquivo com informações pessoais sobre cada cliente para poder personalizar suas comunicações com eles. Ele lhes enviava cartões durante os feriados e os ligava de tempos em tempos para perguntar sobre o carro que haviam comprado dele.

JOSEPH ADES, O CAVALHEIRO DESCASCADOR

> Nunca subestime uma pequena quantia de dinheiro. As pessoas dizem: 'Como você pode ganhar dinheiro vendendo algo por um dólar?' Você vende muitos, é assim que se faz.

Joe Ades vivia em um apartamento de três quartos na Park Avenue, desfrutava de jantares luxuosos nos melhores restaurantes de Nova York e era frequentador assíduo do bar do Pierre, um hotel super sofisticado em Manhattan. Ele se parecia com um nobre britânico em seus ternos Chester Barrie, camisas e gravatas Turnbull & Asser. Seu sotaque britânico reforçava essa imagem. Invariavelmente, ele pedia uma garrafa de Veuve Clicquot, um champanhe francês muito caro. Quando as pessoas perguntavam o que ele fazia para viver, ele respondia: "Eu vendo descascadores de batata", para divertimento de seus interlocutores. Acontece que ele realmente vendia descascadores de batata - bem ali nas ruas de Nova York.

O mais novo de sete filhos nascido em uma família judia em Manchester, ele começou sua carreira como um vendedor ambulante nas ruas depois de deixar a escola aos 15 anos. Ele vendia histórias em quadrinhos, roupas de cama, tecidos, joias e brinquedos. Ao se mudar para a Austrália, ele vendia mercadorias em feiras de rua, saindo de um caminhão. Depois de ler "London Labour and the London Poor" de Henry Mayhew, ele decidiu adotar a vestimenta e maneirismos de um cavalheiro. No início dos anos 90, ele se estabeleceu em Manhattan e começou a vender descascadores de batata de metal suíço, feitos à mão, por 5 dólares cada. Sua rotina diária consistia em se posicionar em uma esquina da rua com dois baldes e um pacote de cenouras para demonstrar o descascador. Sua abordagem era cuidadosamente planejada, desde sua posição sentada no chão (obrigando as pessoas a pararem para poderem ver o que ele estava fazendo) até esperar até o final da demonstração para mencionar o preço.

RON POPEIL, ESTRELA DOS INFOMERCIAIS

> "Minha filosofia é que quando você cochila, perde. Se você tem uma grande ideia, pelo menos aproveite a chance e dê o seu melhor."

O criador dos agora onipresentes infomerciais, Popeil começou a vender em um mercado de pulgas em Chicago quando tinha dezesseis anos. Logo, ele estava faturando até

500 dólares por dia, uma quantia enorme na época. Ele acumulou capital suficiente para montar um estande em uma loja Woolworth no centro da cidade, onde impressionava multidões ao oferecer seus produtos doze horas por dia, seis dias por semana.

Ele seguiu em frente e produziu o primeiro infomercial de televisão apresentando o Ronco Chop-o-Matic. Foi um comercial em preto e branco com um minuto de duração que o tornou milionário. No processo, Popeil se tornou um nome conhecido em todo o país.

Durante as próximas cinco décadas, ele se dedicou exclusivamente a promover e vender por meio de infomerciais. Ele vendeu bilhões de dólares em produtos, incluindo o Mr. Microphone, o Popeil Pocket Fisherman, a Popeil Automatic Pasta Maker, as facas Ronco 6 Star Plus, a Showtime Rotisserie e BBQ, entre outros.

Em 2000, Popeil estabeleceu um recorde mundial de vendas ao vender mais de 1 milhão de dólares em suas Showtime Rotisseries em um programa ao vivo da QVC.

Um grande inovador, inventor e estrela da televisão, ele cunhou muitos conceitos e frases agora familiares, como "Como visto na TV", "Menos custos de envio e manuseio", "Mas espere, ainda tem mais" e "Agora, quanto você pagaria?".

ERICA FEIDNER, A EXTRAORDINÁRIA CASAMENTEIRA DE PIANOS

"Os clientes nem sempre sabem de imediato que precisam do seu produto ou serviço e muitas vezes precisam de orientação e incentivo na direção certa para comprar. Combine as necessidades deles com as características e vantagens do seu produto, mas, acima de tudo, mostre os benefícios."

Uma virtuosa do piano que recebeu uma bolsa de estudos para a Juilliard School of Music aos 9 anos de idade, ela teve que abandonar sua paixão após ferir o polegar em um acidente de esqui em 1987. Enquanto estudava para seu MBA, ela começou a vender pianos para ajudar a financiar sua educação. Ela logo descobriu que tinha talento para combinar pessoas e pianos. Após se formar, ela ingressou na Steinway & Sons e rapidamente se estabeleceu como a principal produtora mundial da empresa, vendendo mais de 41 milhões de dólares em pianos, com preços variando de 2.000 a 152.000 dólares. Sua abordagem de combinar pessoas e pianos e proporcionar uma experiência de compra excepcional para os clientes foi destaque na revista "The New Yorker". Feidner ficou famosa por se recusar a vender o que considerava um piano inadequado, muitas vezes pedindo aos clientes que esperassem até que o piano certo aparecesse. Isso poderia levar meses, mas isso não era uma preocupação para Feidner, já que muitos de seus clientes chegavam por meio de indicações, pedindo especificamente por ela.

Após deixar a Steinway, ela fundou sua própria empresa, "Piano Matchmaker LLC", em 2005. Mais tarde, ela criou um processo para ajudar estudantes de piano a aprender a ler música e tocar o piano em uma única aula. O processo se baseia em um jogo de vídeo musical intuitivo e os jogadores podem transferir imediatamente a experiência do jogo para um instrumento real.

MATTHIAS SCHMELZ, O REI DOS ASPIRADORES

"Todas as vezes em que fui apunhalado pelas costas, encontrei minhas próprias impressões digitais na faca."

Após a Segunda Guerra Mundial, na Alemanha devastada pela guerra, seu pai pegou dinheiro emprestado para comprar algumas ferramentas básicas. Foi o início da pequena empresa de construção que sustentou o bem-estar da família. Também financiou os estudos de Schmelz, que concluiu aos 23 anos, formando-se como Engenheiro Civil. Naturalmente, seu pai esperava que ele continuasse no negócio da família, mas isso não estava nos planos de Schmelz, já que cimento e tijolos não o atraíam. Vender aspiradores de pó Rainbow sim. Descrito como um sistema de limpeza doméstica baseado em água que filtra poeira e sujeira durante o processo de aspiração, um aspirador de pó Rainbow é vendido por cerca de US$ 2800 e é comercializado por representantes que demonstram o produto na casa dos clientes em potencial. Schmelz estava completamente convencido do produto e entusiasmado, decidindo passar suas férias de verão vendendo-o. Ele não parou por aí. Apenas alguns anos depois, ele se tornou um Campeão de Vendas da Rainbow e, depois disso, atingiu o nível de Distribuidor Satélite. Ele então convenceu uma administração duvidosa a nomeá-lo distribuidor exclusivo para Portugal, a única posição de distribuidor mestre disponível na Europa. Ele chegou lá em 1993, sua primeira vez no país, sem falar uma única palavra de português e sem conhecer ninguém. Felizmente, uma secretária na Alemanha havia lhe dado o número de telefone de um taxista que falava alemão. No momento em que o táxi o deixou em seu hotel, ele já havia feito sua primeira venda e recrutado seu primeiro vendedor em Portugal. No dia seguinte, ele começou a vasculhar a lista telefônica em busca de estrangeiros que moravam em Portugal, presumindo que falariam inglês e com quem ele poderia se comunicar mais facilmente. Seu foco era recrutar agentes, pois "um novo recruta sempre se torna um cliente, mas nem todos os clientes se tornam agentes". Três anos depois, sua organização de vendas diretas era a principal distribuidora da Rainbow no mundo, vendendo mais de 1000 máquinas por mês, e Schmelz era um multimilionário.

NO PRÓXIMO CAPÍTULO, detalhamos alguns passos precisos que você pode tomar agora mesmo para se tornar uma pessoa melhor.

EM RESUMO

- Um modelo a ser seguido ajuda você a melhorar muito mais rápido.
- Um modelo a ser seguido pode ser alguém que você conhece pessoalmente, ou alguém sobre quem você leu, pode ser apenas uma pessoa ou algumas.
- Se surgir uma dificuldade, pergunte a si mesmo(a): "O que [seu modelo a ser seguido] faria nesta situação?"

DESFDA-SE

POR QUE UMA BOA AUTOIMAGEM É CRUCIAL PARA O SEU SUCESSO. MELHORANDO SUA AUTOIMAGEM; VISUALIZAÇÃO; RECUSA VERSUS REJEIÇÃO; CONDICIONAMENTO FÍSICO; SUPERANDO LIMITAÇÕES; SORRIA; REGISTRE SUAS CONQUISTAS; AFIRMAÇÕES POSITIVAS.

A renomada psicóloga americana, Dra. Joyce Brothers, certa vez disse: "Você não pode consistentemente agir de uma forma que seja inconsistente com a maneira como você se enxerga". Tudo o que você faz, desde a forma como se veste até a escolha do parceiro, o trabalho que tem, seu nível de renda e seu comportamento ético, está diretamente relacionado à imagem que você tem de si mesmo, sua autoimagem. Sim, a autoimagem é fundamental para o seu sucesso, e a boa notícia é que você pode fazer algo a respeito ou, como diz a expressão popular, desfda-se. Vamos analisar nove etapas que você pode seguir para construir essa autoimagem e melhorá-la.

PASSO #1 - VISUALIZE O SEU EU DE SUCESSO

O que você precisa para este primeiro passo é visualizar a si mesmo como um vencedor. Visualize-se tendo a carreira, a renda, o estilo de vida, a casa, o parceiro dos seus sonhos. Visualize-se como alguém que se respeita e impõe respeito. Isso significa respeitar a si mesmo e ignorar as pessoas negativas que surgem em sua vida de tempos em tempos. Essas são as pessoas que adoram dizer coisas feias sobre os outros, que adoram denegrir os outros. Infelizmente, às vezes parecemos ter mais respeito pela opinião delas sobre nós do que temos pela nossa própria opinião sobre nós mesmos. Isso precisa ser mudado. Ninguém pode fazer você se sentir inferior sem a sua permissão. Como um vencedor, você não dá a ninguém permissão para fazê-lo se sentir inferior.

Eu quero compartilhar com você a história de um velho indiano que, há muitos anos, se tornou rico da noite para o dia. Petróleo foi encontrado em sua propriedade. Ele passou da pobreza para uma riqueza enorme de um dia para o outro. Durante toda a sua vida, ele havia sido um pobre. Ele não tinha um cavalo e uma carroça. Mas agora, de repente, ele é um homem rico, e então ele vai para a cidade e compra um grande automóvel Cadillac.

Ele também comprou um grande chapéu de coco e um longo casaco preto e fraque. Vestido assim, ele ia para a cidade todos os dias fumando um charuto grande. Ele permanecia uma pessoa muito amigável, cumprimentando e conversando com todos que encontrava. E ele encontrava muitas pessoas, já que sua viagem diária para a cidade sempre levava muito tempo. Você vê, diretamente na frente daquele grande e bonito automóvel havia dois cavalos puxando o carro. Não, não havia nada errado com o carro. O velho indiano simplesmente nunca tinha aprendido a ligar a ignição e ligar o potente motor do automóvel com mais de 100 cavalos de potência disponíveis. Em vez disso, ele estava usando dois deles.

De acordo com pesquisas, essa é aproximadamente a mesma proporção que os seres humanos usam. Temos cem cavalos sob o nosso capô, mas literalmente estamos usando apenas dois deles. Nosso problema não é falta de habilidade. É nossa falta de confiança nessa habilidade. Devemos visualizar a nós mesmos como vencedores para romper com nossas barreiras limitantes.

PASSO #2 - DISTINGUIR ENTRE RECUSA E REJEIÇÃO

Recusa e rejeição não são a mesma coisa. Quando se trabalha em vendas, é fácil confundir esses dois termos. Quando um vendedor não consegue efetuar uma venda, muitas vezes ele interpreta isso como uma rejeição pessoal. Mas essa não é a realidade. O cliente está simplesmente recusando a oferta de negócio que o vendedor fez. Isso não envolve nenhum julgamento pessoal ou rejeição do vendedor como pessoa. Os melhores vendedores entendem isso muito bem. E as crianças também. Quando as crianças pedem algo aos pais e recebem um "não" como resposta, o que elas fazem? Elas apenas aguardam uma nova oportunidade e tentam novamente. Elas não aceitam o "não" como resposta final. Elas percebem que o momento não era adequado e tentam novamente mais tarde. Elas sabem que sua proposta foi recusada, mas que elas mesmas não foram rejeitadas. Quando você internaliza essa diferença, isso faz maravilhas para a sua autoimagem.

PASSO #3 - PAREÇA CONFIANTE, SINTA-SE CONFIANTE, AJA COM CONFIANÇA!

"Pareça confiante, sinta-se confiante, aja com confiança!" foi o slogan de um antigo anúncio, e ele estava certíssimo. A aparência desempenha um papel enorme na autoimagem. Pesquisas confirmam que quando você se veste bem, você sente que está mostrando respeito por si mesmo e pelos outros, e melhora sua confiança, sua autoestima, sua motivação e seu desempenho. Algum tipo de processo biológico acontece e impulsiona sua energia e determinação, o que por sua vez aumenta sua motivação e confiança. É gerado um ciclo de reforço positivo. Portanto, arrume-se! E se você está um pouco inseguro sobre os detalhes, sobre o que vestir, aqui está uma dica: copie o estilo das pessoas que você considera inteligentes e poderosas. Você se sentirá impregnado dessas qualidades também.

PASSO #4 - ASSOCIE-SE A PESSOAS VENCEDORAS

Você realmente quer ser um vencedor? Se sim, você deve se associar às pessoas que desejam fazer mais com suas vidas, que se esforçam para ter sucesso, que o capacitam e o incentivam a ser melhor, a exigir mais de si mesmo. Em Israel, foi realizado um estudo sobre os níveis de QI dos imigrantes vindos da Europa e do Oriente. Na chegada, o QI médio dos judeus vindos da Europa era de 115 e o QI médio dos judeus vindos do Oriente era de 85. Mas, após apenas quatro anos vivendo juntos em um kibutz, não havia diferença estatística entre seus QIs. Ambos os grupos alcançaram uma pontuação de 115. Os imigrantes foram acolhidos no kibutz, cuidaram deles, ouviram coisas positivas, disseram a eles que eram vencedores, e eles superaram a diferença de QI. Isso é o que se associar a vencedores pode fazer por você. Isso ajudará você a superar a lacuna. Uma vantagem adicional é que, enquanto estiver na companhia de pessoas orientadas para o sucesso, de pessoas que o ajudam a subir, você não estará cercado por pessoas que alcançam menos, cujas atitudes negativas, visão pessimista do mundo e comportamento derrotista e cínico o arrastarão para baixo.

PASSO #5 - FIQUE EM FORMA FISICAMENTE

Como você vê o seu próprio corpo afeta a imagem geral que você tem de si mesmo e como você interage com o mundo ao seu redor. Se a sua imagem corporal é negativa, a sua autoestima tende a ser baixa, você é mais suscetível a se sentir sobrecarregado, corre o risco de ficar desanimado e agir de forma autodestrutiva. Sintomas de uma imagem corporal ruim incluem sentir-se excessivamente autoconsciente, falar negativamente sobre si mesmo e se afastar de atividades sociais. Para ajudar a perceber o quão poderoso é o efeito da sua própria imagem corporal, deixe-me apontar o trabalho do Dr. Maxwell Maltz. Ele era um cirurgião plástico e autor do best-seller "Psicocibernética". Ele revelou que alguns de seus pacientes ficaram muito decepcionados com os resultados da cirurgia plástica que ele realizou. Após a cirurgia, eles ainda sentiam a saliência no nariz ou qualquer que fosse o problema que os levou a fazer o procedimento, embora tivesse sido corrigido. Essa decepção só começou a desaparecer quando ele mostrou a eles suas fotos, tiradas antes e depois da cirurgia.

Ficar em forma fisicamente é um passo importante para construir a sua imagem corporal e, portanto, a sua autoimagem positiva. Foi comprovado que o exercício ajuda no controle do peso, previne doenças, melhora o humor, aumenta a energia e promove um sono melhor. Portanto, comece a se movimentar!

PASSO #6 – SUPERE ISSO

Você acredita que as pessoas que alcançaram grande sucesso são vencedores naturais? Que eles nasceram predestinados a alcançar o topo em seu campo de atuação? Que seu DNA lhes dá uma vantagem injusta sobre os outros?

Enrico Caruso (1873-1921) é considerado o maior tenor de ópera que o mundo já ouviu. Mas, como aspirante a cantor, seu professor continuava dizendo a ele que ele deveria desistir, pois quando Caruso atingia as notas altas, sua voz inevitavelmente quebrava. "Enrico", ele dizia, "Você nunca conseguirá". Mas Caruso via a si mesmo como o grande talento que ele era. A imagem que ele tinha era muito clara. Ele foi um grande fracasso por muito tempo no início, mas ninguém diria agora que ele foi um fracasso.

A lista de pessoas que nasceram com enormes desvantagens, mas que chegaram ao topo, é impressionante. Inclui:

- Stevie Wonder, o famoso cantor e pianista, que é cego desde bebê.

- Helen Keller, uma prolífica autora e palestrante, que ficou cega e surda aos 19 meses de idade.

- Daniel Radcliffe, o ator que interpreta Harry Potter, que sofre de dispraxia, uma condição neurológica que prejudica o movimento.

- Stephen Hawking, um brilhante físico que escreveu o best-seller "Uma Breve História do Tempo", viveu a maior parte de sua vida adulta tetraplégico em uma cadeira de rodas.

- Lenin Moreno, ex-vice-presidente e presidente do Equador, indicado para o Prêmio Nobel da Paz de 2012 por sua defesa das pessoas com deficiência, que foi baleado em uma tentativa de roubo em 1998 e desde então precisou usar uma cadeira de rodas.

Todas essas pessoas tiveram que superar dificuldades enormes. Como eles conseguiram? Eles persistiram, eles superaram! Garanto a você que os melhores vendedores em qualquer campo também são aqueles que mais falharam. Sim, são aqueles que perderam o maior número de vendas. Mas ninguém os considera fracassados, porque eles persistiram, superaram e continuaram tentando até vender mais que todos os outros. Lembre-se disso: a grande diferença entre o "grande sucesso" e o "pequeno sucesso" é simplesmente que o "grande sucesso" é apenas um "pequeno sucesso" que continuou tentando. Supere isso e continue tentando!

PASSO #7 - JUNTE-SE AO CLUBE DO SORRISO E DOS ELOGIOS

Quando você sorri para as pessoas, envia uma mensagem. Na maioria das vezes, as pessoas vão sorrir de volta para você. Você recebe de volta o que dá. Quando você sorri e elogia alguém, está realmente dizendo a essa pessoa "Eu gosto de você. Acho você legal." E elas sorriem de volta dizendo "Obrigado. Você é uma pessoa incrível." E isso, por sua vez, faz você se sentir bem consigo mesmo. Sorrir é uma forma simples e muito eficaz de fazer amigos e construir sua própria imagem. Continue sorrindo, isso não custa nada, exige menos esforço do que franzir a testa, ajuda você a fazer novos amigos e fortalece sua autoimagem :-)

PASSO #8 - FAÇA UMA LISTA DE VITÓRIAS

Faça uma lista de vitórias com todas as suas conquistas passadas. Quando eu estava crescendo, frequentemente ouvia as pessoas dizerem que todo mundo deveria pelo menos escrever um livro, plantar uma árvore e ter um filho. Essas coisas certamente contam, mas outras também. Pode ser que você tenha ganhado prêmios por recitar um poema, tenha concluído um curso, aprendido uma nova habilidade, se classificado para um evento esportivo, perdido peso ou ajudado alguém necessitado. Qualquer coisa, grande ou pequena, que faça você se sentir pelo menos um pouco orgulhoso de si mesmo, conta. Dedique um tempo para lembrar dessas coisas e dos sentimentos que você experimentou quando as realizou. Escreva todas elas em sua lista de vitórias. Mantenha-a com você e releia-a nos dias ou momentos em que estiver se sentindo para baixo. Leia sua lista e diga a si mesmo: "Bem, qualquer pessoa que consiga fazer todas essas coisas não pode ser tão ruim assim. Esse cara fez coisas!"

PASSO #9 – TODOS OS DIAS, DE TODAS AS FORMAS...

O grande psicólogo francês Émile Coué (1857-1926) desenvolveu um método muito eficaz de psicoterapia e autodesenvolvimento baseado na autossugestão. Aqui está a essência do seu método: todos os dias, de manhã e à noite, sente-se ou deite-se na cama, feche os olhos e, num tom monótono, repita as palavras "Todos os dias, de todas as formas, estou ficando cada vez melhor". Repita vinte vezes.

Cem anos após a sua morte, as pessoas ainda juram pela eficácia da sua fórmula. O que você tem a perder ao experimentá-la? Nada, só pode lhe fazer bem. Além disso, você pode personalizar o método de acordo com as suas necessidades. Coué criou a sua fórmula para obter um benefício genérico. Se você está preocupado com uma questão específica, basta incorporá-la na frase. Por exemplo, digamos que você queira ter mais foco. Essa é a sua grande questão, o que está te segurando, o obstáculo que você precisa superar. A sua fórmula personalizada seria "Todos os dias, de todas as formas, estou ficando cada vez mais focado(a)". Repita vinte vezes pela manhã e vinte vezes à noite. Faça isso todos os dias, a partir de hoje.

Você é o que é e está onde está por causa do que entrou na sua mente. Se você não gosta do que é e de onde está, não se preocupe. Você pode mudar. Você pode mudar o que é e onde está simplesmente mudando o que entra na sua mente. Comece hoje. Comece agora! Repita comigo vinte vezes:

"Todos os dias, de todas as formas, estou ficando cada vez melhor".

No próximo capítulo, investigaremos a questão tão importante de esclarecer as razões para os esforços que empreendemos. Por que devemos nos importar, por que devemos nos preocupar? Em outras palavras, o que estamos tentando alcançar, quais são os nossos objetivos?

EM RESUMO

- A autoimagem é fundamental para o seu sucesso: você não pode consistentemente agir de maneira inconsistente com a forma como você se vê.
- Os nove passos para melhorar a sua autoimagem: 1) Pense em si mesmo como um vencedor. 2) Internalize que recusa e rejeição são coisas diferentes. 3) Vista-se bem para se sentir melhor e ter um desempenho superior. 4) Associe-se a pessoas vencedoras. 5) Cuide da sua forma física. 6) Transforme dificuldades em degraus para o sucesso. 7) Sorria e cumprimente as pessoas com alegria. 8) Registre todas as suas conquistas. 9) Use afirmações positivas diariamente.

COMECE COM O PORQUÊ

POR QUE METAS SÃO ESSENCIAIS. ETAPAS
PARA ESTABELECER METAS EFICAZES:
DEFINIR A META; LISTAR OS BENEFÍCIOS;
IDENTIFICAR OS OBSTÁCULOS; REUNIR
INFORMAÇÕES; IDENTIFICAR GRUPOS DE
APOIO; ELABORAR UM PLANO DE AÇÃO;
DEFINIR UMA DATA-ALVO.

Existe essa antiga história sobre uma esposa que envia seu marido para comprar presunto no supermercado. Quando ele volta, ela fica surpresa ao descobrir que ele não pediu ao açougueiro para cortar as bordas do presunto. Ele respondeu que não sabia que deveria ter feito isso e perguntou por que ela queria dessa maneira. Ela explicou que era porque sempre via sua mãe fazer isso. Então, os dois vão perguntar para a mãe da esposa, e ela responde: "Oh! Minha mãe sempre pedia ao açougueiro para cortar as bordas do presunto, então eu também fazia." Intrigados, todos vão chamar a avó, que explica: "Sim, eu sempre pedia ao açougueiro para cortar as bordas do presunto. Isso porque meu forno era pequeno e o presunto não caberia de outra forma."

Você vê, ao contrário de todos os outros, a avó tinha uma razão, um porquê. Mas a maioria das pessoas não tem razões legítimas para muitas das coisas que fazem e não é curiosa o suficiente para descobrir as razões de seus hábitos. Elas não têm propósito, não têm direção, não têm metas. E se você não tem metas, não tem um porquê. E se você não tem um porquê, nunca ficará motivado o suficiente ou terá a determinação necessária para ter sucesso.

Vamos analisar mais profundamente por que você deve ter suas metas e, em seguida, como definir essas metas, porque a maioria das pessoas, infelizmente, passa pela vida como uma pena em uma tempestade. Noventa e sete por cento das pessoas neste mundo não têm um programa organizado de metas. Isso não significa que elas não tenham algumas metas individuais. Mas elas não têm um programa completo que as capacite a vencer em todas as áreas da vida.

Agora, por que é que noventa e sete por cento das pessoas simplesmente não têm um programa de metas? Bem, a primeira razão, literalmente, é o medo. O medo, como você sabe, é escrito F.E.A.R. Isso forma um acrônimo para Falsa Evidência Aparentemente Real. Mas se parece real, como uma questão prática, então é real. Por exemplo, eu poderia entrar na sua cidade, não importa onde você mora neste mundo, e roubar o seu banco com nada além de um lenço. Tudo que eu teria que fazer é colocar um lenço sobre o rosto, colocar o dedo no bolso e apontar para o caixa e dizer: "Me dê o seu dinheiro". Agora, a evidência seria falsa, mas o medo seria real e, consequentemente, eles literalmente me dariam o dinheiro.

Há alguns anos, um jovem cubano sequestrou um avião para Cuba com uma barra de sabão. Isso é tudo que ele tinha. Ele colocou o sabão em uma caixa e disse ao capitão da aeronave: "Isto é uma bomba, vamos para Cuba". E eles foram para Cuba. A evidência era falsa, mas parecia real e, consequentemente, eles agiram de acordo. Amanhã de manhã, vou pegar um avião. Agora, reconheço o fato de que quando embarco em um avião, há um certo grau de perigo envolvido; como você sabe, alguns aviões caem muito mais rápido do que sobem. Mas você sabia que um avião literalmente enferruja mais rápido sentado na pista do que se desgasta voando no ar? Isso ocorre porque voar é para isso que os aviões foram construídos. Você vê, há um certo perigo em estabelecer metas; mas há um perigo ainda maior se você não as estabelecer.

Oliver Wendall Holmes Jr., que foi um brilhante jurista, disse o seguinte: "A maior perda em nossa sociedade não é o desperdício de nossos recursos naturais. É o desperdício de nossos recursos humanos simplesmente porque não reconhecemos nossa própria capacidade e não direcionamos essa capacidade para uma direção específica."

Sim, há uma certa quantidade de risco em estabelecer metas, mas há um risco ainda maior em não estabelecê-las. O risco vem do fato de que você pode não alcançar suas metas e, em seguida, pode se sentir constrangido por isso. Mas deixe-me afirmar novamente, o risco é infinitamente maior se você não estabelecer metas, porque você será incapaz de usar a incrível habilidade que você tem.

A segunda razão pela qual a maioria das pessoas não tem metas é que elas nunca realmente foram convencidas da ideia. Ninguém explicou a elas por que elas devem ter metas. Isso é o que eu vou fazer. E vou começar apontando que há muitas pessoas que vão trabalhar amanhã porque é o que fizeram ontem. Mas se essa é a única razão para ir trabalhar amanhã, perceba que você não será tão bom amanhã como foi ontem, porque você estará dois dias mais velho e não estará mais próximo das metas que você não tem. Se você vai ao trabalho todos os dias apenas porque fez a mesma coisa ontem, perceba que você está apenas sobrevivendo, não vivendo. Você nunca será uma pessoa bem-sucedida se for assim desfocado.

Há muito tempo, Jean-Henri Fabre, um naturalista francês, fez uma série de experimentos com lagartas processionárias, assim chamadas porque seguem umas às outras em procissão. Ele as alinhou ao redor de um vaso de flores até formarem um círculo interminável. E elas começaram a girar em círculos e círculos e círculos. No centro do vaso de flores havia algumas agulhas de pinheiro, que é um dos alimentos da lagarta processionária. Elas ficaram girando por 24 horas, depois 48 horas, depois 72 horas, e assim por diante. Por 7 dias inteiros e 7 noites inteiros elas giraram até morrerem literalmente de fome e exaustão. Com uma abundância de sua comida favorita a 15 centímetros de distância, elas morreram de fome porque confundiram atividade com realização.

Há muitas pessoas que se comportam exatamente como essas lagartas. Elas têm pilhas de papéis em suas mesas, chegam cedo para trabalhar todos os dias e saem tarde todos os dias. Elas dizem a todo mundo o quanto estão ocupadas e que não têm tempo para nada. Mas o problema real delas não é a falta de tempo, é a falta de metas e foco. A pessoa mais bem-sucedida do mundo não tem nem um minuto a mais do que a pessoa menos bem-sucedida. E como as pessoas bem-sucedidas se comportam? Elas sempre exibem uma atitude positiva, têm altos níveis de energia e estão focadas. Eu repito, elas estão focadas, e o foco vem de ter metas claras.

Eu acredito que foi J.C. Penney, o fundador da rede de lojas que leva seu nome, que colocou dessa forma: "Me dê um escriturário com uma meta, e eu lhe darei uma pessoa que fará história; mas me dê uma pessoa sem metas, e eu lhe mostrarei um escriturário." Você tem que ter metas. Se alguém tivesse perguntado ao Sir Edmond Hilary, o primeiro homem a escalar o Monte Everest, "Sir Edmond, como você escalou a montanha mais alta do mundo?" Você acreditaria nele se ele respondesse: "Bem, eu estava apenas dando uma volta por aí."? E se alguém perguntar a Satya Nadella, o CEO da Microsoft: "Como você chegou a ser o CEO da Microsoft?", você acreditaria nele se ele responder: "Bem, eu apenas aparecia para trabalhar e eles começaram a me promover, os anos foram passando e olhe, aqui estou eu, sou o CEO da Microsoft."

E, no entanto, a maioria das pessoas parece pensar que se elas aparecerem para trabalhar todos os dias e apenas fizerem o que lhes é dito, elas deveriam ser recompensadas e promovidas. A vida não funciona assim. Para ter sucesso, você precisa se preparar e planejar. É assim que o "sucesso da noite para o dia" acontece. Metas funcionam! Metas funcionam pessoalmente, funcionam para famílias, funcionam para empresas e funcionam para nações.

A Alemanha e o Japão eram países completamente devastados após a Segunda Guerra Mundial. Ambos os países foram bombardeados até voltarem à Idade da Pedra. Eles haviam perdido muitas pessoas. Sua economia estava em frangalhos. O que eles fizeram? Chamaram os líderes do governo, os líderes da indústria, os líderes nas profissões, na educação, reuniram todos eles e traçaram um plano. O que podemos fazer como nação para nos unificar, para nos reunir e alcançar um objetivo que restaure o orgulho nacional e traga prosperidade econômica para nossa terra? Eles não lamentaram o que não tinham; eles olharam para o que tinham, uma vontade de trabalhar, uma sociedade criativa, uma nação que estava se unindo em direção a um objetivo digno. E como todos sabem, eles se recuperaram, prosperaram, tornaram-se potências econômicas. Não aconteceu da noite para o dia, e não aconteceu por acaso. Levou muito planejamento e trabalho árduo com foco. Eles não apenas ficaram ocupados. Eles planejaram, estabeleceram metas e trabalharam duro, de maneira focada e disciplinada, em direção a essas metas. Metas absolutamente funcionam. Você deve tê-las.

Existe um estudo de 30 anos frequentemente citado pela Universidade de Yale. Em 1953, os formandos da Universidade de Yale foram estudados e analisados. Eles fizeram perguntas sobre suas metas e descobriram que apenas 3% dos alunos do último ano de Yale haviam identificado o que queriam e haviam escrito essas metas, junto com uma lista correspondente de benefícios.

Deixe-me enfatizar isso: a parte mais significativa de estabelecer uma meta é identificar os benefícios. É responder àquela pergunta tão importante: "O que isso trará para mim?" Se você não associar benefícios suficientemente fortes a essas metas, você não perseverará quando as coisas ficarem difíceis. É como aquelas pessoas que dizem: "Eu quero perder peso" e depois só pensam no que não podem comer e como o exercício é difícil. Eu garanto que elas não alcançarão seu objetivo, porque estão apenas se concentrando nas desvantagens do processo. É o mesmo erro que os vendedores cometem quando continuam falando sobre o preço do produto. É apenas quando eles começam a enfatizar os benefícios do produto que mais pessoas entendem como ele resolve o problema delas e começam a vender mais.

A terceira coisa que esses alunos bem-sucedidos de Yale fizeram, os 3% principais, foi identificar os obstáculos que enfrentavam. Você deve reconhecer que algo está impedindo você de alcançar sua meta, caso contrário, você já a teria alcançado. Como alguém disse uma vez: "Confrontar um problema nem sempre traz uma solução, mas até que você enfrente o problema, não pode haver solução". Você precisa parar, pensar e identificar claramente todos os obstáculos que você precisa superar para alcançar seus objetivos. Isso é o que aqueles 3% fizeram.

A quarta etapa é pesquisar o que você precisa saber para desenvolver um plano detalhado. Você deve identificar o que precisa saber para alcançar essas metas. Há alguma informação ausente que você precisa ter. Preencha essa lacuna, como fizeram os 3%.

A quinta coisa que eles fizeram foi identificar as pessoas,

os grupos e as organizações com as quais precisavam trabalhar para chegar lá. Se você vai realizar algo significativo,
requer que outras pessoas trabalhem com você. Quais são os
grupos, as pessoas, as organizações com as quais você precisa
trabalhar?

O próximo passo é desenvolver um plano de ação específico. É uma lista das coisas que você fará e que o aproximarão
cada vez mais de sua meta. É o seu plano para a vida. Um
plano equilibrado para que você vença em todas as áreas da
sua vida.

Aqueles 3% dos formandos de Yale fizeram isso e, em
seguida, deram um sétimo passo: eles estabeleceram uma
data em que esperavam alcançar suas metas. Se você quer ser
CEO, se você quer vencer em casa, se você quer vencer
pessoalmente, se você quer vencer financeiramente, se você
quer ter todas essas vitórias, realmente é necessário um
programa de metas.

Dos formandos da Universidade de Yale, a maioria avas-
saladora, fora aqueles que sabiam que queriam ser médicos,
professores ou advogados, não tinham um programa de
metas sólido. Vinte anos depois, os pesquisadores fizeram
um estudo de acompanhamento. Eles descobriram que os 3%
que haviam seguido todos os passos haviam realizado literalmente mais do que os outros 97% combinados.

Já foi dito com frequência que as pessoas não planejam
fracassar, mas elas falham em planejar. Sem um plano, você
não tem um alvo. E como você pode acertar um alvo que
nem sequer possui? Você tem o seu? Para cada aspecto
importante da sua vida? Você o identificou e o escreveu?
Você listou os benefícios que receberá? Você identificou os
obstáculos que precisa superar? Você reuniu as informações
de que precisa? Você identificou as pessoas, os grupos, as
organizações com as quais precisa trabalhar? Você desen-

volveu um plano de ação específico para alcançar cada meta? E você estabeleceu uma data para realizá-las?

Sua história registrará que, se você persistir em suas metas, as metas que você está prestes a estabelecer, você chegará ao topo!

No próximo capítulo, voltaremos nossa atenção para algo que assombra os vendedores desde o início dos tempos. É um inimigo implacável que destrói muitas carreiras antes mesmo de começarem e continua aparecendo de tempos em tempos, atacando até mesmo os profissionais de vendas mais experientes: a relutância em fazer chamadas.

EM RESUMO

- A maioria das pessoas não tem uma razão para muitas das coisas que fazem; elas passam pela vida como uma pena em uma tempestade.
- As pessoas não planejam fracassar, mas fracassam por não planejar. Sem um plano, você não tem um alvo. E como você pode acertar um alvo que nem mesmo possui?
- Os 7 passos que você deve seguir para estabelecer com sucesso um programa de metas: 1) Escreva a meta. 2) Liste todos os benefícios de alcançar essa meta. 3) Identifique os obstáculos que você enfrentará. 4) Pesquise o que você precisa saber para alcançar a meta. 5) Identifique as pessoas que irão ajudá-lo. 6) Desenvolva um plano de ação específico. 7) Estabeleça uma data para alcançar a meta.

A RELUTÂNCIA EM FAZER LIGAÇÕES, O FLAGELO DOS VENDEDORES

A VERDADEIRA CAUSA POR TRÁS DA RELUTÂNCIA EM FAZER LIGAÇÕES. A NATUREZA DAS PESSOAS. COMO MELHORAR SUAS HABILIDADES. COMO CONSEGUIR O QUE VOCÊ DESEJA. O MELHOR MOMENTO PARA LIGAR PARA OS CLIENTES.

Você já se sentiu desconfortável antes de ligar para um cliente em potencial? Lembro-me de quando também tive dificuldades com isso. É normal que as pessoas envolvidas em vendas tenham relutância em fazer uma ligação de vendas, especialmente se for uma chamada fria. Alguns vendedores novatos ficam tão aterrorizados com a ideia de fazer chamadas frias que acabam desistindo das vendas! Alguns ficam tão estressados que nem conseguem pegar o telefone e discar um número. No entanto, aqueles que superam o medo inicial, aqueles que pegam o telefone e fazem as ligações, logo descobrem que fazer chamadas frias não é tão assustador. Eles até começam a gostar do desafio, e alguns se tornam os melhores vendedores! Eu encorajo você a ser um deles.

No entanto, não baixe sua guarda! A relutância em fazer ligações, o flagelo dos vendedores, tende a voltar de tempos em tempos, afetando até mesmo os profissionais mais experientes. Para esses veteranos, ela se manifesta de maneira mais difusa e não é tão facilmente reconhecível: menor atividade, esforços menos focados e aumento da racionalização de resultados ruins. Eles começam a ficar negativos e céticos em relação ao seu produto, sua empresa, sua profissão, seus clientes e o mundo em geral. Não é surpresa que eles acabem com vendas e comissões mais baixas.

Para ajudá-lo a superar a relutância em fazer ligações, vamos analisar o que é essa relutância. Essencialmente, é como uma voz interior que continua lembrando você da Lei de Murphy, mostrando todas as coisas ruins que podem acontecer: e se eu entrar, tropeçar e cair? E se eu entrar e esquecer o que devo dizer? E se eu entrar e eles rirem de mim? E se eu entrar e descobrir que eles mudaram para um concorrente? E se eu entrar e eles me ridicularizarem ou ridicularizarem meu produto? Pensamentos negativos como esses inevitavelmente levam à autodúvida e ao baixo desempenho. Além disso, eles podem rapidamente se tornar profecias autorrealizáveis.

O que você pode fazer sobre isso? Existe uma solução mágica para lidar com esse problema? Uma das melhores maneiras de superar isso ou qualquer outro obstáculo é observar como os melhores lidam com isso. No entanto, se você observar dois superastros de vendas de qualquer campo, é provável que veja duas pessoas muito diferentes. Uma será bem-vestida, a outra mais casual. Uma falará rápido, a outra falará de forma mais deliberada. Uma será extrovertida e a outra será mais cautelosa. No entanto, se você prestar atenção, encontrará algo em comum que eles compartilham até com todos os outros melhores produtores: eles estão sempre se esforçando para se melhorar continuamente.

Como os melhores produtores se aprimoram? Os superastros de vendas sempre se concentram nas três áreas que importam para o desempenho de vendas: Conhecimento do Produto, Habilidades de Venda e Atitudes Pessoais. O Conhecimento do Produto é, é claro, conhecer tudo sobre sua oferta tanto do ponto de vista técnico quanto do ponto de vista do comprador. Você deve saber o que seu produto é, o que ele faz e como beneficia o comprador. As Habilidades de Venda são aquelas que usam esse conhecimento do produto para identificar as pessoas e organizações que podem se beneficiar ao adquiri-lo e, em seguida, aproximar o produto e os clientes por meio de uma comunicação eficaz. As Atitudes Pessoais são as lentes que ajudam você a ver as adversidades como desafios e oportunidades. É o que impulsiona você durante todo o processo de vendas e capacita você a superar os inevitáveis obstáculos em seu caminho.

Agora, pare por um momento. Quanto do seu sucesso em vendas você acha que depende de quão bem você conhece o produto que está vendendo? Além disso, quanto desse sucesso você diria que depende do domínio de suas habilidades de venda? Quanto disso depende de suas atitudes?

A pesquisa mostra que o conhecimento do produto representa cerca de dez a quinze por cento da eficácia em vendas, enquanto as habilidades de venda e as atitudes pessoais representam os oitenta e cinco a noventa por cento restantes. É a regra predominante do 80/20: 80% habilidades de venda e atitudes pessoais, e 20% conhecimento do produto. A venda profissional é, essencialmente, desenvolver e nutrir uma rede de contatos pessoais. Para lidar efetivamente com outras pessoas, você deve ter as habilidades e atitudes que o ajudem a construir e sustentar relacionamentos positivos e duradouros.

No entanto, a maioria dos profissionais de vendas tende a superestimar a importância do conhecimento do produto. Embora o conhecimento do produto seja necessário se você pretende realizar vendas significativas, não é o fator que diferencia os melhores produtores dos demais.

Deixe-me explicar isso perguntando como você ensinaria alguém a andar de bicicleta. Você pode mostrar para qualquer criança de cinco anos que nunca andou de bicicleta tudo o que ela precisa saber sobre como andar em uma palestra muito curta. Seria algo parecido com isso: você se senta nesse assento; segura essas manoplas; coloca os pés nesses pedais; se você quiser ir para a frente, pedale assim; se quiser parar, aperte esses dois freios aqui; se quiser virar, faça isso. Além disso, muito importante, não caia! O que mais alguém precisa saber sobre como andar de bicicleta? Parece que cobrimos praticamente tudo. Mas parece que está faltando algo. O que poderia ser?

Lembra quando você aprendeu a andar de bicicleta? Tenho certeza de que você sabia toda a teoria, mas não estava um pouco com medo? Por que isso aconteceu? Você sabia de tudo o que precisava saber, certo? Então, por que estava com medo? Você estava com medo porque sabia instintivamente que lhe faltava uma habilidade. E é uma habilidade essencial que você precisa desenvolver para se sentir à vontade andando

de bicicleta: como equilibrar. Você pode adquirir a habilidade de equilíbrio lendo sobre isso em um livro? Claro que não. Alguém pode implantar essa habilidade em você? Claro que não. O maior ciclista de todos os tempos pode lhe dar uma palestra interminável sobre todos os fatos e coisas que você precisa saber sobre andar de bicicleta, mas você não aprenderá a equilibrar uma bicicleta até subir nela e começar a pedalar! Você só pode adquirir habilidade praticando. Não há outro caminho! E sem essa habilidade, todo o conhecimento anterior não vai ajudar muito.

Lembra como você persistiu? Com a prática, seu nível de habilidade se desenvolveu. Sua autoconfiança também aumentou e suas atitudes melhoraram. Você começou a ser mais entusiasmado, se divertiu mais andando de bicicleta. Você gostou tanto que queria andar de bicicleta o tempo todo! Queria andar mais rápido e mais rápido, queria ser o mais rápido de todos! E quando você alcançou esse objetivo, sentiu-se incrível consigo mesmo.

O mesmo acontece na venda profissional. Sim, você precisa conhecer bem o seu produto. Sim, você precisa entender as técnicas e mecânicas do processo de vendas. Mas apenas estudar não vai torná-lo bem-sucedido nas vendas. Para desenvolver as habilidades e melhorar suas atitudes, você deve sair e fazer as ligações. Quanto mais ligações você fizer, melhor se tornará e mais você irá gostar.

Quais são as habilidades de que você precisará? Você precisa saber como identificar os tomadores de decisão e como estabelecer *rapport*. Além disso, você deve ser capaz de fazer apresentações eficazes e lidar com objeções. Você também precisa dominar técnicas de fechamento. A boa notícia é que essas habilidades são desenvolvidas por meio de vendas reais. O fortalecimento delas leva a atitudes mais positivas, o que, por sua vez, aprimora a eficácia das habilidades.

Depois de tudo isso, você deve estar se perguntando: "Como essas habilidades me ajudarão a superar a relutância em fazer ligações?" Bem, por que experimentamos a relutância em fazer ligações? Basta considerar as três razões mais comuns pelas quais os vendedores evitam fazer ligações de vendas:

Não tenho conhecimento suficiente sobre o produto.

Sinceramente, o vendedor mais júnior em qualquer organização sabe mais sobre o que está vendendo do que noventa por cento dos clientes em potencial. É verdade que você sempre pode saber mais sobre sua oferta. Também é verdade que o aspecto mais crucial do conhecimento do produto é como exatamente sua oferta pode beneficiar aquele cliente em potencial específico. Mas você só vai descobrir isso se sair e falar com ele.

Preciso reunir mais informações sobre a empresa para a qual vou ligar.
Sem dúvida, você parecerá mais profissional se souber algo sobre a empresa para a qual está ligando. Por outro lado, você parecerá arrogante se fingir saber tudo sobre o seu prospecto. O que você precisa é apenas informações suficientes que possam ajudá-lo a iniciar uma conversa e fazer perguntas. Sempre deixe-o contar sua história! Anote o nome e endereço do seu prospecto. E se você puder pesquisar mais informações úteis em cinco minutos no Google, ótimo. Caso contrário, tudo bem, deixe que o prospecto o esclareça quando você ligar para ele.

Este não é um bom momento para ligar porque _____ [preencha o espaço em branco].
Seja a conjuntura econômica, o período de férias, o momento de preparação do orçamento, a saída de um antigo gerente, a chegada de um novo gerente, o lançamento de um novo produto, obras nas instalações, a lista de motivos para não ligar para um prospecto é cada vez maior. Felizmente, anos de experiência acumulada ao longo dos séculos por vendedores ao redor do mundo, agora respaldados por pesquisas acadêmicas sólidas, têm mostrado qual é o melhor momento para fazer uma ligação. Quer saber qual é o melhor momento para ligar para um prospecto? Se você acha que isso depende do produto que você está vendendo, da atividade em que você está

envolvido, de onde seu prospecto está localizado, se as taxas de juros estão altas ou baixas, quem é o atual líder político, você estaria enganado. O melhor momento para fazer uma ligação de vendas é agora mesmo! Você leu corretamente, o melhor momento para encontrar alguém é agora mesmo! Esse é o momento que foi comprovado como a melhor chance de realizar uma venda. É um fato científico que, se você fizer uma ligação hoje, a probabilidade de fazer uma venda é um trilhão de vezes maior do que se você não fizer!

DADO TODOS ESSES MOTIVOS, agora apresento a você a solução definitiva para superar a relutância em fazer ligações: Responda sinceramente às seguintes perguntas, pense nelas e responda sinceramente: Quantos vendedores você conhece que já foram expulsos do escritório de um prospecto? Quantos já tiveram algo jogado neles durante uma apresentação? Quantos já se machucaram durante uma argumentação de venda? A menos que você esteja vendendo coisas ilegais para bandidos, esse tipo de coisa não acontece. Você vê, a coisa mais importante que você precisa entender e saber é esta: as pessoas são amigáveis! Claro, todos têm dias bons, dias ruins e dias médios, mas, em geral, as pessoas são amigáveis. Você não precisa temer ligar para os prospectos, porque esse é o verdadeiro nome do problema: o medo! A relutância em fazer ligações nada mais é do que o medo de ser tratado de forma desagradável, de ser rejeitado. De vez em quando, você encontrará pessoas rudes. Não há como evitar, um punhado de pessoas rudes existe neste mundo. Mas, se você fizer uma ligação amanhã e a primeira pessoa que você encontrar for rude, aqui está o que você faz: saia do escritório dela e faça imediatamente outra ligação para outra pessoa, porque as próximas 9.999 pessoas para as quais você ligará são todas pessoas legais! Agora, suponha que, por algum azar cósmico infeliz, você faça a próxima ligação e encontre uma segunda pessoa rude, e agora? Simples, saia e faça a próxima ligação com a certeza absoluta de que as próximas 9.998 pessoas serão todas pessoas legais. Lembre-se sempre de que as pessoas são amigáveis!

Como a maioria das pessoas é amigável, a principal habilidade que você deve desenvolver é saber sorrir. Quando você sorri para as pessoas, elas sorriem de volta. Você sabe que isso é verdade porque, por anos, você tem conhecido pessoas que não conhecia antes. Você conhece pessoas novas o tempo todo desde que era criança. E o que você faz? Você sorri, as pessoas sorriem de volta e você aperta suas mãos. Esse pequeno gesto, automático para a maioria das pessoas, é a principal habilidade do vendedor. Você sabe o quão bom é o seu sorriso? Compare-o com os sorrisos de pessoas que são excelentes nisso, como os principais produtores, estrelas de cinema e políticos. Trabalhe nisso todos os dias. Treine na frente do espelho. Pratique com todas as pessoas que você encontra. Cumprimente seus amigos e confunda seus adversários com seu sorriso. Este conselho pode parecer muito simples, mas é provavelmente a melhor coisa que você pode fazer por sua carreira de vendas.

Além disso, lembre-se de um ponto crucial, algo que todos nós sabemos, mas muitas vezes esquecemos: as pessoas vendem pessoas. Pense nisso. Vendedores de carros não vendem carros, e corretores de imóveis não vendem imóveis, políticos não vendem programas políticos - eles vendem a si mesmos. Os compradores compram pessoas primeiro e produtos, serviços e ideias em segundo lugar. Os compradores compram de pessoas que gostam, pessoas que sorriem para eles e para as quais eles sorriem de volta.

Nas vendas, as coisas geralmente começam com um compromisso. Conseguir compromissos é, portanto, essencial, e o telefone é crucial para esse propósito. Isso é uma coisa boa, certo? Afinal, todo mundo sabe como usar um telefone... mas eles realmente sabem como usar seu telefone de forma eficaz para esse propósito específico? E você, sabe? É disso que se trata o próximo capítulo.

EM RESUMO

- A única causa real por trás da relutância em fazer ligações é: o medo! Medo de não ser gostado, de ser rejeitado.
- A verdade é que as pessoas não mordem, não socam e não jogam coisas em você: as pessoas são legais!
- Se você sorrir, as pessoas vão sorrir de volta.
- Compradores compram pessoas primeiro, e produtos, serviços e ideias em segundo lugar.
- Para melhorar suas habilidades de vendas, desenvolver atitudes positivas e aprimorar sua autoimagem, você precisa ligar para as pessoas.
- O vendedor obtém o que deseja porque ajuda outras pessoas a obter o que elas querem.
- O melhor momento para fazer uma ligação de vendas é agora mesmo!

EU SÓ LIGUEI PARA DIZER QUE TE AMO

O ÚNICO OBJETIVO DA LIGAÇÃO
TELEFÔNICA. O QUE VOCÊ NUNCA DEVE
FAZER AO TELEFONE. AS PALAVRAS
PRECISAS QUE VOCÊ DEVE USAR.
INDICAÇÕES E CHAMADAS RECEBIDAS.

Você já pegou o telefone com o único objetivo de marcar um compromisso, mas desligou alguns minutos depois sem agendar um? Você apenas ligou para dizer "Eu te amo", mas não entregou a mensagem. Vamos ver como usar seu telefone de forma mais eficaz. Vou discutir três coisas que vão ajudar você:

- Primeiro, como conseguir um compromisso quando você está iniciando a ligação.
- Segundo, como usar o telefone para conseguir um compromisso por indicação.
- Terceiro, como lidar com uma ligação de consulta recebida no escritório e possivelmente transformar essa ligação em um compromisso.

Vou contar uma história pessoal. Há alguns anos, migrei para um novo país. Quando desembarquei do avião, não conhecia ninguém naquele país inteiro. Nunca tinha estado lá em toda a minha vida. Depois de cerca de dois dias, percebi que precisava fazer algo rapidamente para conseguir negócios, senão ficaria sem dinheiro muito rápido. Nem sequer tinha um único prospecto, então olhei para o horizonte da cidade em busca de empresas que tinham seus nomes em luzes. Pensei que se eles tivessem seus nomes no topo daqueles arranha-céus, deviam ser grandes empresas, e essas eram minhas metas. No dia seguinte, pesquisei os nomes dessas empresas, os nomes de seus CEOs, seus endereços e seus números de telefone. Isso foi tudo. Coloquei cada um deles em um cartão. Chamei-o de meu Cartão de Prospecto. E, sabe de uma coisa, isso levou cerca de quatro dias. Quatro dias! Eu só tinha 38 nomes, mas levou quatro dias. Todos os dias, eu chegava em casa e minha parceira perguntava: "Bem, você fez alguma ligação?" e eu respondia: "Bem, ainda estou organizando meus prospectos. Tenho que colocá-los em ordem alfabética". E dois dias depois, eu chegava em casa, e ela perguntava: "E então, conseguiu marcar algum compromisso?" e eu respondia: "Bem, ainda não. Sabe, tenho que reorganizá-los por localização geográfica". Isso levou mais dois dias. Eu me pegava adiando pegar o telefone e arranjando todas as desculpas possíveis para não fazer isso. E eu ensino essas coisas!

Finalmente, entendi que precisava começar a fazer o que ensino. Naquela manhã, fui para o escritório, fiz um café e bebi todo o café. E então reorganizei meus cartões e fiz mais café. Finalmente, eram cerca de 10 horas da manhã e era hora de pegar o telefone. Agora, eu poderia ter feito isso sentado. Mas não, eu estava de pé. Eu tinha o telefone em mãos e disquei o número enquanto andava de um lado para o outro. O telefone tocou. Conversei com a primeira recepcionista pelo telefone. Fui diretamente para a secretária executiva e em cerca de 30 segundos estava falando com meu primeiro CEO. Cerca de 90 segundos depois, tinha meu primeiro compromisso. Naquele momento, eu era um campeão! Estava em um ritmo! Tinha um compromisso consecutivo!

Disquei o próximo número. Consegui falar com o segundo executivo, e peguei um daqueles, digamos, "durões". Eu disse: "Aqui é Passos Dias Aguiar. Acabei de chegar aqui e preciso ir até você. A tarde de quinta-feira está bem? Ou seria melhor a manhã de sexta-feira?" e ele disse: "Quem é você?" e eu disse: "Aqui é Carlos Aguiar. Preciso ir até você. A tarde de quinta-feira está boa ou a manhã de sexta-feira é melhor?" Discutimos por alguns minutos até que ele disse: "Bem, considero altamente não profissional que você me ligue, o CEO de uma grande corporação, e espere me ver na mesma semana". A isso, eu respondi: "Bem, Sr. Smith, você pode considerar não profissional que eu tenha ligado para marcar um compromisso, mas antes de desligar, você poderia responder a apenas duas perguntas simples para mim?" Com muito desprezo, ele disse: "Sim, o que é?" Eu perguntei: "Você tem vendedores que trabalham para você na sua organização?" Ele disse: "Claro, com certeza!" Eu disse: "Quantos deles ousam ligar para os CEOs das grandes corporações deste país e ficam no telefone com eles por mais de três minutos lutando para conseguir uma reunião?" Ele pausou por um momento e então disse: "Ok, talvez seja melhor conversarmos". Fui a essa reunião e acabei trabalhando para aquela organização por mais de dez anos.

Como conseguir um compromisso por telefone? É preciso coragem para pegar aquele telefone. Sinceramente, não sei por que resistimos a essa ação simples. Refleti sobre isso e a única resposta que encontro é que o que sentimos ao pegar o telefone e fazer uma ligação para marcar um novo compromisso é muito parecido com o que sentimos quando conhecemos pessoas cara a cara pela primeira vez. Tememos a rejeição. Roosevelt disse que a única coisa que devemos temer é o próprio medo. E se fizermos o que mais tememos, a morte do medo é certa.

Novamente, como conseguir um compromisso por telefone? Bem, há várias coisas que você deve ter em mente.

- Primeiro: Esteja focado quando fizer essa ligação. Tenha um único objetivo em mente, que é conseguir o compromisso. Foco total.
- Segundo: Não permita que essa pessoa, esse prospecto, o convença a fazer sua apresentação pelo telefone. Assim que isso acontecer, é muito fácil para eles dizerem: "Não estamos interessados" e desligar. Simplesmente não permita isso.

Como você faz isso então? Bem, primeiro, você faz rapidamente; e segundo, você faz com confiança. Como? Faça o que eu fiz quando estava com medo: levante-se, fique de pé. Se precisar, ande um pouco. Isso faz a adrenalina fluir e faz você falar com maior confiança e postura.

Agora, qual é a técnica? Vamos supor que o telefone toque e o prospect atenda, "Aqui é Joe Smith". "Sr. Smith?" "Sim." "Aqui é Passos Dias Aguiar. Preciso ir até você. Você estará disponível esta tarde?" "Sim." "Às duas horas?" "Sim." "Até logo então." E pronto, é assim mesmo.

Você pode dizer: "Isso não vai funcionar!" Eu estou te dizendo que vai! Não funciona dessa maneira o tempo todo, mas você pode conseguir sete a oito compromissos a cada dez ligações seguindo essa técnica simples.

Além disso, minhas palavras aqui são deliberadas, precisas. Note que eu não disse: "Eu gostaria muito de ir te ver" ou "Eu quero ir te ver". Não, a palavra que usei foi "preciso". "Você estará disponível esta tarde?" "Sim." "Preciso ir até você. Está bom às duas horas?" "Bem, não, estou ocupado." "Talvez 16h15 seja melhor?" "Sim, está ótimo." "Ótimo, até logo." E eu desligo.

Agora, eu sei que você pode estar pensando: "E se eles

disserem isso?" ou "E se eles disserem aquilo?" Vou abordar alguns desses "e se... ?" agora mesmo. Suponha que uma secretária queira me filtrar, dizendo: "Posso dizer quem está ligando, por favor?" "Sim. Aqui é Passos Dias Aguiar. Você poderia dizer a ele que estou na linha?" Eu dou a ela uma ordem educada, mas direta. Se a secretária me disser: "Posso dizer a ele do que se trata?" aqui está a resposta: "Eu tenho o que poderia ser uma boa notícia. Você poderia dizer a ele que estou na linha, por favor?" Essa resposta sempre funcionará? Não. Mas funciona na maioria das vezes. Geralmente, eles te conectam diretamente. Eu consigo passar por todos eles? Não. Mas eu te digo, minha taxa de sucesso em contornar secretárias e falar com o chefe ao telefone é bem acima de 90%.

Assim que eu falo com esse executivo ao telefone, novamente, nunca, jamais devolvo a conversa para ele sem pedir o compromisso. É assim: "Sr. Executivo?" "Sim." "Aqui é Passos Dias Aguiar. Preciso ir até você. Está bom às 14h00 de quarta-feira ou é melhor na sexta-feira de manhã?" Eu dou a ele uma alternativa. Se ele disser: "Vou estar fora do escritório na quarta-feira." "Então sexta-feira de manhã, está certo?" "Bem, do que se trata?" "Desculpe, deveria ter explicado. Eu tenho o que poderia ser uma boa notícia. Está bom às 10h30?" "

Ótimo." "Até lá então." Você sempre devolve isso a eles pedindo o compromisso.

O que acontece se ele perguntar: "Você poderia me contar um pouco sobre isso por telefone?" Aqui está o que você responde: "Sr. Smith, obrigado pelo seu interesse. Tenho certeza de que, se a ideia ajudasse você, você gostaria de saber como funciona, o que está envolvido e todos os detalhes, não é verdade?" Ele vai dizer: "Sim." Agora ele pensa que eu estou prestes a contar a ele. Mas aqui está o que eu digo: "A melhor maneira de fazer isso é nos encontrarmos. Está bom à tarde de quarta-feira ou é melhor na quinta-feira de manhã?" Sou como um disco arranhado. Não permito "Bem, do que se trata?" "Como eu disse, poderia ter boas notícias sobre o aumento dos lucros. Está bom à tarde de quinta-feira? Às 15h15 ou às 17h00?"

Suponha que o prospecto volte e diga: "Bem, estou ocupado na tarde de quinta-feira, poderia ser na sexta-feira de manhã às 9h30." Sabe o que a maioria dos vendedores faz nessa hora? Diz: "Tudo bem." E ao fazer isso, você está comunicando ao prospecto que seu tempo não é importante, que você não é uma pessoa muito ocupada. Então, se o prospecto voltar para mim e disser: "Olha, estou ocupado na quarta-feira, poderia ser na sexta-feira de manhã às 9h30." Eu digo: "Só um momento, por favor." E viro páginas. Assim, ele ouve o som das páginas. Estou olhando para a minha agenda e volto imediatamente e digo: "9h30 vai ficar um pouco apertado, podemos marcar para 9h45?" Ou eu digo: "9h30 vai ficar um pouco apertado, podemos marcar para 9h10?" Você vê, estou comunicando a ele pelo telefone que meu tempo também é valioso e que sou uma pessoa ocupada e procurada.

Agora, e se você recebeu uma indicação? Muitas vezes, um de seus clientes lhe dará uma indicação. Agora, se alguém disser para você: "Ei, você conhece John Jones?" Diga: "Não." "Bem, você deveria visitá-lo. Ele seria um bom prospecto para você. Agora, o que você fizer, não mencione meu nome." Agora, isso não é uma indicação. Se eu decidir ligar para John Jones, farei essa ligação a frio.

Mas e quando eu tenho uma indicação honesta? Aqui está como eu faria a ligação: "Sr. Smith?" "Sim." "Você conhece Sam Smith, não conhece?" "Sim." "Aqui é Passos Dias Aguiar. Nosso amigo em comum, Sam Smith, disse duas coisas sobre você. Ele disse que você é um gerente inovador, sempre em busca de novas ideias que o ajudariam, e ele disse que você me pagaria um café. É verdade? Às dez horas da manhã de quarta-feira? Nos vemos então. Tchau."

Agora, você pode rir dessa pequena ideia, mas funciona! Quando cheguei em um novo país e peguei o telefone para ligar para o CEO de uma grande corporação lá, foi exatamente assim que consegui a reunião. Conheci um jovem em um jantar porque meu sotaque provavelmente soava engraçado para ele. Começamos a conversar e ele me falou sobre o CEO de uma dessas grandes empresas lá e que eu deveria ligar para ele. Sinta-se à vontade para usar o nome dele, ele disse. Quando peguei o telefone, apenas disse: "Sr. Smith?" "Sim." "Você conhece John Jones?" "Sim, eu conheço o John!" "Bem, o John disse duas coisas. Ele disse que você é um pão-duro, mas que você pagaria um café para mim, é verdade?" E o prospecto apenas riu, dizendo: "Espere até eu encontrar o John, eu vou pegá-lo!" "Mas você pagaria um café para mim, não pagaria?" "Bem, claro, eu pagaria um café para qualquer pessoa." "Às dez horas?" "Sim." "Na sexta-feira de manhã?" "Sim." "Nos vemos então. Tchau." Ele não me conhecia, mas o conceito funcionou. A ideia é ficar estritamente no ponto e avançar.

Ao ligar usando a indicação, crie um ambiente de "sim, sim, sim" com o prospecto. "Sr. Smith?" "Sim?" "Você conhece John Jones?" "Sim?" Eu consegui dois "sim" seguidos e continuo diretamente a partir daí. A palavra-chave é "precisar". "Precisamos conversar." "Sobre o que é isso?" "Eu tenho o que poderia ser boas notícias. Precisamos discutir isso. A tarde de quinta-feira está boa ou é melhor a manhã de sexta-feira?" Isso aumentará sua taxa de sucesso ao marcar compromissos por telefone. Seja ao ligar a frio ou ligar com uma indicação, se você seguir esses princípios, eles funcionarão para você.

Sabe como eu melhorei nisso? Sentei um dia e escrevi o que eu diria, palavra por palavra. Coloquei-o em um cartão na minha mesa e lia quando ligava para alguém. Isso foi há anos. Agora, não preciso mais ler. Posso dizer automaticamente, sob pressão, sem preparação ou esforço consciente. Sabe como cheguei a esse ponto? Fazendo muitas e muitas ligações. E lia até conhecer de cor. Minha taxa de sucesso continuava subindo.

Agora, vamos olhar para outra situação. O que acontece se você recebe uma ligação? Vamos supor que você esteja no escritório quando alguém liga para fazer uma consulta, pedindo informações sobre o seu produto ou serviço, e a ligação é transferida para você. Quando você atende o telefone, apenas agradeça dizendo "Obrigado pelo seu interesse." Não importa o que eles digam. Sua primeira resposta automática é: "Muito obrigado pelo seu interesse no produto XYZ. Tenho certeza de que você gostaria de saber não apenas quanto custa, mas como funciona e como isso beneficiaria você. Está correto?" "Sim." "A melhor forma de lhe contar isso é nos encontrarmos. Está bom às 15h00 de sexta-feira à tarde ou às 16h15 é melhor?" "Bem, eu só queria saber quanto custa." "Você está interessado em adquirir um XYZ?" "Sim." "A melhor forma para você tomar a melhor decisão é obter todas as informações, e tenho certeza de que você gostaria de conhecer toda a história. Está bom às 15h00 ou às 16h15 é melhor?" Observe que eu nunca devolvo a ligação sem pedir o compromisso.

E se eles ligarem? Você tem um pouco de informação, certo? Mesmo que você não consiga o compromisso, sabe que há uma indicação de interesse ali. Caso contrário, eles não teriam ligado. Isso faz sentido? Como você faz para obter o nome deles? Já aconteceu de alguém ligar e você perguntar quem está ligando e eles dizerem "Bem, eu prefeririria não dizer"? Como você lida com isso? Quando eles ligam e você diz: "Tenho certeza de que você gostaria de saber não apenas quanto custa o produto XYZ, mas como funciona e como isso seria útil para você. Estou correto? Aliás, você estava ligando para si mesmo ou para outra pessoa?" Veja, eles não hesitarão em responder a essa pergunta. Deixe-me dar a você novamente: "Você estava ligando para si mesmo ou para outra pessoa?" Responder a essa pergunta não requer muita reflexão, então eles respondem de imediato. Quando o fazem, você segue imediatamente com a próxima pergunta, antes mesmo que eles consigam colocar o ponto final, você a segue com a próxima pergunta. "E qual é o nome, por favor?" Eles já terão dado o nome para você. E aqui vai uma dica: Tenha uma caneta em mãos e pronta para escrever, porque, se você não tomar cuidado, vai passar despercebido e perder o nome. "E qual é a empresa?"

Veja, você não precisa falar mais do que a outra pessoa. A única maneira de você controlar uma conversa é fazendo perguntas, não falando. Vamos supor que eles liguem para você. Você apenas pergunta: "Você estava ligando para si mesmo ou para outra pessoa?" Suponha que eles digam: "Bem, eu estava ligando para o meu chefe." "E qual é o nome, por favor?" Eles lhe darão. Se disserem: "Bem, eu estava ligando para mim mesmo." "E qual é o nome, por favor?" Eles lhe darão. E assim que eles disserem o nome, imediatamente atrás disso, antes mesmo que eles consigam colocar o ponto final, você faz a próxima pergunta. "E qual é a empresa?" Eles lhe darão. Agora você tem o nome deles e a empresa deles, e espero que você tenha o bom senso de obter o número de telefone e o endereço, se tiver tudo isso a seu favor. Agora, eu pedirei a eles e provavelmente conseguirei isso ali mesmo.

Mas agora é o momento em que eu tenho que escolher: enquanto estou falando com essa ligação, essa consulta, devo ir para o compromisso? Agora, você pode estar em uma situação de venda em que é de vital importância que você qualifique os prospects por telefone antes de sair e marcar esses compromissos. Isso é um tópico para outra ocasião. Por enquanto, considero que você quer ser mais eficaz ao telefone porque quer o compromisso.

No próximo capítulo, vamos analisar o que fazer nessa primeira reunião e além, para desenvolver um relacionamento frutífero contínuo com seus clientes.

EM RESUMO

- Mantenha o foco no único motivo pelo qual está ligando: obter o compromisso.
- Sob nenhuma circunstância você fará sua apresentação pelo telefone.
- Lembre-se da redação: "Aqui é [seu nome]. Preciso passar aí para vê-lo. A tarde de [Dia 1] está bom ou a manhã de [Dia 2] é melhor?"
- Ao ligar usando uma indicação, certifique-se de obter uma sequência de respostas "Sim" no início.
- Decida se deseja transformar a ligação de consulta em um compromisso.

A CONVERSA PERSUASIVA
DESMISTIFICADA

AS CINCO ATITUDES DO COMPRADOR QUE
VOCÊ DEVE MUDAR. OS CINCO PASSOS DE
AÇÃO PARA INDUZIR A MUDANÇA. A ÚNICA
COISA QUE VOCÊ ABSOLUTAMENTE DEVE
FAZER EM UMA VISITA DE VENDAS.

Como criar uma relação com os clientes que garanta que eles continuem a lhe dar negócios repetidos a longo prazo? Se você deseja clientes fiéis, deve construir e manter relacionamentos que sejam vantajosos tanto para o cliente em potencial quanto para você, como vendedor. Para fazer isso, você precisa entender que os vendedores profissionais estão realmente no negócio de mudar atitudes, que existem certas atitudes que você precisa mudar no comprador e que há algumas etapas de ação que você deve tomar para mudar essas atitudes. Vou explicar em detalhes:

O primeiro conceito é que os vendedores profissionais estão realmente no negócio de mudar atitudes. Vamos começar definindo o que é "atitude". Agora, "atitude" é uma palavra grande, mas na verdade não passa de como você se sente em relação às coisas. Quando você sai para fazer uma visita de vendas, se conseguir fazer o cliente em potencial se sentir bem em relação ao seu produto, serviço e proposta de negócio, há grandes chances de fechar uma venda. Seu trabalho como vendedor é realmente mudar a atitude dos nossos clientes em potencial e fazê-los sentir-se bem em relação a você, ao seu produto, ao seu serviço e à sua empresa. Quando você consegue isso, é provável que eles comprem, porque as pessoas querem coisas que as façam sentir-se bem consigo mesmas.

O segundo conceito é que existem certas atitudes que você precisa mudar no comprador antes que uma venda possa ser concluída. Então, quais são exatamente essas atitudes que você precisa mudar no cliente em potencial? Existem cinco delas:

Primeiro, imagine que você está em casa relaxando. A campainha toca. Você se levanta e abre a porta. Lá está um jovem bem-vestido com um grande sorriso no rosto e uma maleta na mão! Qual é a sua primeira reação? Aposto que é algo como "Oh não! Um vendedor!" É seguro dizer que, naquele momento, você tem uma atitude negativa em relação àquela pessoa em pé na sua porta da frente. Uma atitude de rejeição. E até que essa atitude de rejeição seja transformada em aceitação, você não vai comprar. Portanto, a primeira atitude do comprador que você precisa mudar é a rejeição e transformá-la em aceitação.

A segunda atitude que você precisa mudar é a indiferença. Você vê, a indiferença surge no momento em que o vendedor estende a mão e começa a apertar a sua, dizendo: "Eu sou Joe Doe, da Corporação QuemSeImporta." Você realmente se importa com quem é aquela pessoa na sua porta da frente? Ou com qual empresa ele está? Ele interrompeu sua noite, não é? Ele é uma intrusão, e você não se importa com quem ele é. E até que essa atitude de "não me importo" seja transformada em uma atitude de "me importo", uma atitude de interesse, você não vai comprar.

A terceira atitude que você precisa mudar é a desconfiança. Dúvida na credibilidade do vendedor. Você acredita em tudo que um vendedor lhe diz? Claro que não! Pelo contrário, muitas vezes você duvida de tudo o que ele diz. E deixe-me contar um segredo: você não está sozinho! A maioria das pessoas tende a questionar o que um vendedor lhes diz. E até que essa atitude de desconfiança seja transformada em uma atitude de crença, você não vai comprar. Portanto, esse é o seu terceiro desafio de alteração de atitude: da desconfiança para a crença.

Quando você supera esse desafio, terá o cliente acreditando em três coisas cruciais:

- Primeiro: que o produto ou serviço é de boa qualidade.
- Segundo: que o produto ou serviço fará tudo o que queremos que seja feito.
- Terceiro: que o produto ou serviço vale o preço.

Se alguma dessas três coisas estiver faltando, ele não comprará seu produto ou serviço.

Mas aqui está o segredo: apenas porque ele acredita que é um bom produto, que fará para ele o que ele quer que seja feito e que vale o preço, isso significa automaticamente que ele vai comprá-lo? Não! Coloque-se no lugar do comprador novamente e pense nos milhares de produtos de qualidade por aí que você gostaria de ter, que têm um bom valor, mas que você não possui. Por que você não os possui?

Vamos expandir esse pensamento: por que as pessoas compram coisas? As pessoas compram o que precisam ou o que desejam? Muitas vezes, as pessoas compram o que desejam, mas nem sempre. Por quê? Porque, e isso é fundamental, as pessoas precisam desejar o produto o suficiente para comprá-lo. Se elas não desejarem o produto o suficiente, elas vão adiar. Elas vão comprar "mais tarde".

Vamos voltar ao nosso cenário imaginário. Se você não deseja o produto o suficiente, provavelmente ficará lá sentado e dirá ao vendedor: "Sim, eu acredito que seja um bom produto. E acredito que eu possa usá-lo. E o preço parece razoável. Deixe-me pensar sobre isso. Não me ligue, eu ligarei para você."

E é isso! Eu concordarei em fazer qualquer coisa que você queira para mim. No próximo ano. Sim, será ótimo, faremos isso. No próximo ano.

O que faz as pessoas agirem e comprarem? Um desejo ardente. É isso. Um desejo pelo produto tão grande que elas simplesmente não podem viver sem ele! Elas precisam comprá-lo! Não somos criaturas da lógica; somos criaturas da emoção. A emoção compra, a lógica justifica a compra.

Portanto, a quarta atitude que você precisa mudar é a atitude de procrastinação e transformá-la em um desejo ardente. Faça o cliente dizer: "Sim, eu quero. Eu quero muito. E eu quero agora!"

Mas então há uma quinta atitude que entra em jogo: o medo! Estou falando do medo que surge ao tomar uma decisão. O comprador se pergunta: "Estou fazendo a coisa certa?" Os psicólogos chamam isso de "remorso do comprador". É aquela sensação de desconforto no estômago enquanto você pensa: "Será que fiz a coisa errada?" Isso mostra apenas que você não estava realmente cem por cento confiante na escolha que acabou de fazer. Você estava com medo. E, como regra, as pessoas não compram quando têm medo. Às vezes, no entanto, influenciadas pela convicção do vendedor, pela força de sua apresentação de vendas, elas compram mesmo assim. Quando isso acontece, pode contar que o remorso do comprador aparecerá mais tarde.

Você não quer que isso aconteça. Você quer que o cliente se sinta bem durante e após a compra. Você quer que ele diga a si mesmo: "Sim, fiz uma escolha sábia. Sim, tomei uma boa decisão." Você deve tranquilizar continuamente o cliente durante e após a compra, fazendo com que ele confie em sua decisão.

Ok, agora você sabe o que deve fazer, mas como fazer isso?

Existem cinco etapas de ação que devem ser tomadas para mudar essas atitudes e concluir um acordo de venda vantajoso para ambas as partes com o cliente em potencial. Vamos dar uma olhada nessas etapas de ação:

Etapa de Ação Um: Mude a rejeição para aceitação conversando com o cliente sobre coisas que interessam a ele. Fale com o cliente sobre aquilo que o interessa. Não precisa complicar. O cliente é igual a você e a mim. Sabe de quem você se preocupa mais do que qualquer pessoa no mundo todo? Sim, seria você! Você se preocupa consigo mesmo! Adivinha de quem eu me preocupo mais do que qualquer pessoa no mundo inteiro. Eu! Eu me considero uma pessoa legal, eu gosto de mim. E se você entrar e falar comigo sobre o meu assunto favorito, eu não vou rejeitá-lo. Se você falar comigo de maneira amigável, agradável e elogiosa sobre o meu assunto favorito, qualquer sentimento de rejeição que eu possa ter tido no início rapidamente se transformará em aceitação.

Etapa de Ação Dois: Mude a indiferença para interesse, dizendo ao cliente que você vai ajudá-lo a obter algo que ele deseja. Do que as pessoas se interessam? Resposta rápida: as pessoas se interessam por qualquer coisa que elas acreditam que as ajudará a obter algo que desejam. No momento em que elas pensam "Você não pode me ajudar", você está fora. Você perdeu a venda. A chave para despertar o interesse do cliente em potencial é informá-lo de que você vai ajudá-lo a obter algo que ele deseja.

Vamos dar um exemplo: você consegue pensar em um empresário que não gostaria de aumentar seus lucros? Ou reduzir seus custos? Suponha que eu faça uma visita a um cliente em potencial e a única coisa que eu diga seja: "Sr. Silva, acredito que tenho boas notícias. Trabalhamos com muitas empresas ao redor do mundo para ajudá-las a reduzir suas despesas e aumentar seus lucros, e podemos fazer isso por você." Talvez ele não acredite em mim naquele momento, mas tudo bem. Posso trabalhar nisso. Mas ele está interessado porque eu disse enfaticamente que poderia ajudá-lo. Em resumo, faça o cliente acreditar que você pode ajudá-lo a obter o que ele deseja a ponto de ele dizer: "Bem, isso parece bom, estou interessado."

Etapa de Ação Três: Mude a desconfiança para crença, apresentando claramente os fatos sobre seu produto. Por quê? Porque o que o cliente está realmente lhe perguntando é: "você disse que vai me ajudar a obter algo que eu quero. Prove."

Agora entramos na etapa de convicção das vendas. O que você faz para provar algo? Você apresenta os fatos, explica os benefícios e oferece evidências de apoio. O mesmo vale para o seu produto: dê ao cliente os fatos, explique os benefícios e apresente as evidências necessárias para convencê-lo de que você tem um bom produto, que ele fará para ele o que ele quer que seja feito e que vale o investimento.

Ok. Agora, apenas porque o cliente acredita em você, isso não significa que ele vai comprar. A tendência natural dele é procrastinar. Você precisa aumentar o desejo dele até que ele o queira intensamente. Como você faz isso?

Pelo poder da palavra pintada! Essa é a sua Etapa de Ação Quatro: Mude a procrastinação para desejo, pintando para o cliente uma bela imagem, uma imagem dele usando o seu produto, desfrutando dele e se beneficiando com ele. Assim que o cliente começar a se imaginar tendo seus problemas resolvidos após comprar seu produto e alcançando seu objetivo por causa do seu produto, ele vai querê-lo intensamente. Seu desejo se acende. E ele vai querer muito.

Nesse momento, ele começará a ficar um pouco nervoso. "Sabe, eu sempre fiz assim. E agora você quer que eu faça isso... Eu me pergunto se isso realmente é uma coisa inteligente... Eu realmente quero fazer, quero dizer, eu realmente quero, mas, sabe, eu sempre..." Ele começa a hesitar, a retroceder. O que você deve fazer agora?

Etapa de Ação Cinco: Mude essa atitude de medo para uma atitude de confiança, levando o cliente a expor seus medos e ponderá-los em relação ao benefício que ele desfrutará ao comprar seu produto. Seu cliente está fazendo exatamente isso em sua cabeça. Ele está indo e voltando, ponderando suas opções. Ele está tentando decidir entre "Sim, eu devo" e "Não, eu não devo". Agora, se você intervir e ajudá-lo a ponderar as coisas com as quais ele está preocupado em relação às razões para seguir em frente, aos benefícios que ele obterá ao possuir seu produto, e então pedir o pedido, as chances são de que você fechará muito mais vendas.

Em conclusão, você precisa se colocar no lugar do comprador e entender as mudanças de atitude que devem ocorrer antes que seu cliente em potencial se sinta confortável para comprar. Se você seguir essas etapas de ação, verá que está construindo relacionamentos mais fortes e duradouros, onde ambos ganham.

No próximo capítulo, vamos nos aprofundar nos detalhes do que você precisa fazer para apresentar suas propostas de maneira mais convincente e persuasiva.

EM RESUMO

- Os vendedores profissionais são especialistas em mudar atitudes.
- Cinco atitudes específicas que você precisa mudar no comprador: 1) Rejeição para aceitação. 2) Indiferença para interesse. 3) Desconfiança para crença. 4) Procrastinação para desejo ardente. 5) Medo para confiança.
- Para mudar essas atitudes, você precisa tomar cinco medidas: 1) Conversar com seu cliente em potencial sobre os assuntos que interessam a ele. 2) Dizer ao seu cliente em potencial que você vai ajudá-lo a obter algo que ele deseja. 3) Apresentar fatos, benefícios e evidências de apoio para convencê-lo de que ele está justificado em comprar. 4) Para reforçar, pintar uma imagem verbal do cliente usando o produto, desfrutando dele e se beneficiando. 5) Contrastar seus medos com os benefícios de comprar o produto.
- Por último, mas não menos importante, lembre-se de pedir o pedido.

CHEGAR AO "SIM"

ENTENDENDO O QUE AS PESSOAS
REALMENTE DESEJAM. AS TRÊS PARTES DE
UM ARGUMENTO CONVINCENTE. AS SETE
MANEIRAS DE FORNECER EVIDÊNCIAS. O
PRINCÍPIO DO ESTILO.

D issemos que os vendedores são profissionais em mudar atitudes. Para ser capaz de mudar a atitude de uma pessoa, é necessário dominar as habilidades de persuasão. O que é preciso para se tornar mais convincente, mais persuasivo? Como proceder para fazer seu cliente dizer sim à sua oferta? Isso é o que vamos abordar neste capítulo.

A única maneira de fazer alguém fazer algo é fazer com que ele queira fazer o que você quer que ele faça. Você não vai vender muito se não entender isso. Mas vamos ao cerne da questão: o que as pessoas realmente querem? Primeiro, elas querem resolver seus problemas e mantê-los resolvidos. Querem menos complicações, menos dores de cabeça. Segundo, as pessoas querem alcançar seus objetivos. Querem realizar e viver seus sonhos. Querem ser vencedores. Querem se sentir bem consigo mesmas.

Vamos então ver como você pode ajudar as pessoas a quererem comprar seu produto ou serviço, tornando suas apresentações mais convincentes e atraentes para elas. Essas apresentações devem mostrar os benefícios que elas obterão com o produto, bem como evidências convincentes para apoiar esses benefícios que você oferece.

Para fazer isso, você precisa aprender três coisas: Primeiro, você precisa conhecer os três elementos que compõem um argumento convincente poderoso, o que ajudará você a ser mais convincente ao fazer apresentações. Segundo, você precisa adicionar um toque especial às suas apresentações. E terceiro, você precisa confirmar a aceitação dos pontos principais apresentados pelo seu cliente em potencial.

Vamos começar discutindo o argumento convincente. Um argumento convincente é composto por três partes: um fato, um benefício e uma evidência. Analisando-os de perto, você poderá reunir essas três partes e apresentar declarações de convicção poderosas aos nossos clientes em potencial - declarações que os ajudarão a querer possuir e comprar seus produtos e serviços.

Primeiro, há o fato. O que é um fato? Um fato é o que algo é. Uma alegação, por outro lado, é o que você diz que é. Há uma grande diferença entre os dois. Suponha que eu esteja tentando vender um novo smartphone para você e digo: "Este smartphone é o melhor do mundo". Isso é convincente? Não muito, certo? E a razão pela qual você duvidaria disso é porque eu não apresentei nada além da minha opinião. Eu fiz uma alegação sem fundamento em vez de uma declaração de fato. Para ser convincente, você deve apenas declarar os fatos e se ater a eles.

Vamos voltar ao nosso cenário de eu tentando vender um novo smartphone para você. Desta vez, eu digo: "Este smartphone foi eleito o smartphone do ano pela Technology Watch, a principal organização de proteção ao consumidor do setor". Isso é mais convincente? Claro. Por quê? Porque eu acabei de apresentar um fato verificável.

Agora, apenas porque você apresenta um fato, não significa que seu cliente em potencial vai acreditar nele. O cliente em potencial pode estar lá pensando: "E daí?" O cliente em potencial não quer comprar o fato. E a razão pela qual ele não quer comprar o fato é porque o fato é o produto. Como? Quando você apresenta um fato, está dizendo o que o produto é; e se ele o comprar, você vai cobrar dinheiro por isso, certo? Mas ele não quer lhe dar dinheiro porque ele não quer o produto. O que o cliente em potencial quer é o benefício do produto. Ele quer o que o produto pode fazer por ele.

Então, o que você pode fazer a respeito? Siga esta regra simples: toda vez que você apresentar um fato sobre seu produto ou serviço, siga-o imediatamente com como isso poderia beneficiar seu cliente em potencial.

Vamos voltar ao nosso exemplo de eu te vendendo um smartphone. Eu digo a você: "Este smartphone premiado é dobrável". O que isso significa para o cliente em potencial? "Quando dobrado, é um dos smartphones mais compactos disponíveis e cabe facilmente no seu bolso; quando aberto, oferece a conveniência de uma tela grande, fácil de ler e escrever". Sempre que você apresentar um fato sobre seu produto ou serviço, siga-o imediatamente com como isso beneficiaria o comprador.

Se você apresentou um fato e o seguiu com um benefício, isso significa que seu cliente em potencial vai comprar? Não necessariamente.

Mas aqui está a questão: as pessoas são diferentes. É possível que se eu disser: "Quando dobrado, este smartphone é um dos menores smartphones disponíveis e cabe facilmente no seu bolso, e quando aberto, oferece a conveniência de uma tela grande, fácil de ler e escrever", um cliente em potencial responderia: "Ah, sim! Eu gosto disso!" enquanto outro cliente em potencial - talvez um pouco mais cético - diria: "Hum... Não tenho certeza disso. Prove!"

Aqui é onde o terceiro elemento do argumento convincente entra em jogo - a evidência. Existem sete formas de evidência: um exemplo, um depoimento, uma demonstração, os fatos, estatísticas, um expositor e uma analogia.

Vamos dar uma olhada rápida em como podemos usar essas sete formas de evidência na venda. Suponha que eu venda equipamentos grandes como tratores de esteira. Eu digo a um cliente em potencial: "Uma das coisas que você mais vai gostar neste trator de esteira é que ele tem um motor a diesel de 700 cavalos de potência. Isso significa que você não só terá toda a potência necessária para atender às demandas de seus projetos de construção, mas também economizará muito em combustível diesel. Você reduzirá o tempo de inatividade. Também reduzirá os custos de manutenção."

Mas não pare por aí! "Cerca de seis meses atrás, a empresa ACME investiu em um desses tratores de esteira a diesel da ABC. Apenas na semana passada, eles me confirmaram que reduziram o tempo de inatividade e diminuíram os custos de manutenção em mais de 20%. Acredito que se fez isso para a empresa ACME, também fará para você."

Acabei de dar ao cliente em potencial um exemplo, uma forma de evidência. Um ponto chave a ter em mente ao usar um exemplo como evidência: forneça informações suficientes para torná-lo crível, mas não exagere ao ponto de entediar o cliente em potencial.

Agora, vamos olhar para a segunda forma de evidência: o depoimento. Os depoimentos podem ser escritos ou orais. Se você usar um depoimento escrito, pode apresentar um fato, seguido de um benefício, e então oferecer um depoimento como evidência. Aqui está um exemplo: "Uma das características deste relógio que você vai gostar é que ele vem com uma garantia vitalícia. Isso significa que seu investimento está protegido contra defeitos em todas as partes e materiais enquanto você possuir o relógio. Recebi um recado de uma de minhas clientes onde ela diz: 'Obrigada. Meu relógio deu um problema. Eu o enviei e o recebi de volta, como novo, em dois dias. Obrigada não apenas por cumprir o que você disse que faria, mas também por fazê-lo rapidamente'. O depoimento é essencialmente igual a um exemplo. A única diferença é que você narra o exemplo, enquanto pode mostrar o depoimento impresso.

Gostaria de saber como obter alguns depoimentos? Peça por eles. Eu sei que pode ser difícil, mas tente. Da próxima vez que estiver conversando com um de seus bons clientes, pergunte a ele o que ele mais gosta em fazer negócios com você e depois ouça-o. Quando ele terminar de falar, pergunte: "Você poderia fazer um grande favor para mim? Você poderia me enviar por e-mail, em alguns parágrafos curtos, o que você acabou de dizer? Seria uma grande ajuda para mim. Muito obrigado!" Eu já pedi a centenas de pessoas para fazerem isso por mim. Eles sempre dizem sim. Quer alguns bons depoimentos? Apenas pergunte aos seus melhores clientes. Eles ficarão felizes em fazer isso.

Vamos olhar para a terceira forma de evidência que você pode usar: a demonstração. Suponha que eu seja um vendedor de carros e digo a você: "Este carro tem suspensão independente de quatro molas, o que significa que você terá uma condução suave e tranquila se dirigir este carro." E você diz: "Prove". O que eu faria? Eu abriria a porta do carro, entraria e te convidaria: "Venha comigo". Então, eu te levaria pela estrada e demonstraria a condução suave.

Ao usar a demonstração, lembre-se de alguns pontos importantes: Primeiro, certifique-se de que seu produto funcione, seja lá o que você esteja demonstrando. Acredite em mim, aprendi isso da maneira mais difícil! Segundo, certifique-se de saber como fazê-lo funcionar. Terceiro, esteja preparado para algo dar errado. Quarto, envolva seu cliente em potencial.

A quarta forma de evidência é o fato. Enquanto você lê isso, provavelmente está sentado em uma cadeira. Suponha que eu seja um vendedor de cadeiras e digo a você: "A cadeira em que você está sentado tem um almofada de espuma de borracha de duas polegadas e meia, o que significa que é mais macia e confortável para se sentar por longos períodos de tempo." Como evidência, acrescento: "Foi comprovado que a espuma de borracha é 4 vezes mais macia que o algodão, 27 vezes mais agradável e macia que sentar em madeira e 319 vezes mais macia que sentar em aço duro". Em outras palavras, eu simplesmente apresento fatos para apoiar o benefício que oferecemos. Os fatos são uma forma poderosa de evidência porque os fatos não mentem. Você está apenas declarando o que algo é.

A quinta forma de evidência são as estatísticas. As estatísticas são muito poderosas. Ao vender, depois de apresentar um fato e seguir com um benefício, existem muitos tipos diferentes de dados estatísticos que foram compilados para apoiar certos pontos-chave de sua apresentação à medida que você avança. Na venda, algumas pessoas usam estatísticas como forma de evidência. Alguém em um tipo de venda mais técnica usará estatísticas com frequência. Vendedores de computadores as usam. Vendedores de software as usam. Vendedores financeiros as usam. Vendedores de carros as usam. Vendedores de imóveis as usam. Você pode facilmente encontrá-las em revistas e periódicos que atendem ao seu negócio ou setor.

A sexta forma de evidência é a exposição. Essa é a sua brochura. Um arquiteto construiria um modelo em escala da casa que ele propõe construir para seu cliente. Mas lembre-se de apresentar a exposição com habilidade. Eu vejo alguns vendedores que pegam suas brochuras e as enfiam no rosto do cliente em potencial. Não seja assim. Manuseie-as com habilidade, como se estivesse fazendo uma afirmação.

A sétima forma de evidência, bastante poderosa, é a analogia. As pessoas tendem a resistir ao que não entendem. As analogias ajudam as pessoas a entender melhor. E você pode estabelecer uma analogia entre quase duas coisas quaisquer.

Suponha que eu esteja vendendo serviços financeiros e visito uma empresa de contabilidade. Eu poderia dizer a esse cliente em potencial, apresentando um fato e um benefício: "Uma das coisas que você vai gostar em nossos novos cartões de crédito é o fato de que você pode definir limites de gastos não apenas por cartão, mas também por tipo de despesa. O controle que isso lhe dá é muito parecido com o trabalho de controle orçamentário que você faz para seus próprios clientes. Assim como seus clientes usam seus relatórios de orçamento para exercer um controle melhor sobre seus negócios, você pode usar esses cartões de crédito para obter um maior controle sobre seus gastos".

Vamos revisar o que discutimos até agora: o argumento convincente é criado quando você, primeiro, apresenta um fato, tendo em mente que, ao fazer isso, você está afirmando o que o produto é. Em segundo lugar, você sempre segue com um benefício relacionado, porque é isso que seu cliente em potencial vai comprar. E, em terceiro lugar, você o apoia com evidências. Você deve estar preparado para sempre apresentar evidências, e há sete formas de evidência para escolher.

Se você fizer essas três coisas, será mais convincente para seu cliente em potencial, e acredito que você ficará satisfeito com o que acontecerá em seguida.

Vamos abordar mais um conceito que pode realmente acrescentar muito ao que já cobrimos, o princípio do estilo. Você sabe quem é o maior vendedor do mundo? É o vendedor de salsa. Esse cara está em todos os lugares. Em todos os lugares! Eu já viajei pelo mundo e, onde quer que eu vá, ele esteve lá e fez uma venda. Pense nisso. Quando você vai a um restaurante cinco estrelas e pede uma refeição, eles nunca trazem apenas o bife, ele sempre tem um pouco de salsa em cima, certo? Sempre! De que cor é a salsa? Verde. Você já viu salsa preta? Já viu salsa vermelha? Salsa roxa? Salsa prateada? Sim, já viu! Você apenas não sabia que era salsa. Alguns restaurantes vão trazer sua refeição e terá uma bela cúpula de salsa prateada em cima do prato. Você provavelmente vai dizer: "Não, isso é prata". E eu vou responder: "Não, isso é salsa".

E então, alguns restaurantes cinco estrelas têm belas taças de cristal. Agora, você pensava que tudo isso era apenas cristal comum, mas não, isso é salsa. Em alguns restaurantes, você será recebido com salsa na porta. Isso mesmo! Salsa, na porta. Lapelas de salsa de cetim preto lindas. E você entra e eles o cumprimentam: "Boa noite, senhor". As pessoas pagam por salsa? Oh, elas pagam muito! Você simplesmente nunca pensou sobre isso.

Na indústria de hospitalidade, há uma lei pela qual eles vivem: a apresentação é tudo. Você pode ir a um restaurante sem toalha de mesa, com uma faca e um garfo velhos e sujos e sem taças de cristal e comer um bife delicioso. Você vai a outro restaurante e recebe a abordagem de traje formal, os cardápios em papel pergaminho, o cristal, a prata, a cúpula de prata, mas é a mesma peça de carne. O sabor é melhor? Na verdade, não, mas você acha que é melhor? É tudo uma questão de percepção.

Então, quando você faz sua apresentação, quando você apresenta fatos e os segue com benefícios e evidências, faça isso com salsa. Faça com estilo! Coloque um pouco de estilo nisso! Esteja entusiasmado com o que está fazendo. Você não pode deixar outra pessoa entusiasmada se você mesmo não estiver entusiasmado.

Siga os princípios e conceitos que apresentei a você, tendo em mente os três elementos de um argumento convincente poderoso: o fato, o benefício e a evidência. Também tenha em mente o princípio da salsa e, ao apresentar, faça-o com estilo!

Se você pegar essas ideias e colocá-las em prática, descobrirá que suas apresentações serão mais suaves, você será mais persuasivo e fará mais vendas.

E não seria bom se você pudesse avaliar em tempo real como está se saindo em termos de convencer seu cliente em potencial? Fico feliz em informar que há uma maneira de fazer isso, e é sobre isso que falaremos no próximo capítulo.

EM RESUMO

- O que as pessoas realmente querem? 1) Elas querem resolver seus problemas. 2) Elas querem alcançar seus objetivos e se sentir bem consigo mesmas.
- Um argumento convincente é composto por três partes: um fato, um benefício e evidências.
- Existem sete formas de evidência: 1) Um exemplo. 2) Um depoimento. 3) Uma demonstração. 4) Os fatos. 5) Estatísticas. 6) Uma exposição. 7) Uma analogia.
- Faça com estilo!

FECHAR OU NÃO FECHAR, ESSA É A QUESTÃO!

COMO IDENTIFICAR UM SINAL DE COMPRA. USANDO AS TENTATIVAS DE FECHAMENTO: TRÊS TÉCNICAS. O QUE FAZER APÓS UMA TENTATIVA DE FECHAMENTO. O FECHAMENTO PROGRESSIVO. QUANDO USAR UMA TENTATIVA DE FECHAMENTO.

A questão de quando fechar um negócio deixa muitos vendedores inseguros. Mas e se você pudesse ler nas entrelinhas do que um prospecto está dizendo? Se você pudesse fazer isso, você saberia qual é o melhor momento para fechar um negócio. Para ser capaz de fazer isso, você precisa aprender três coisas. Primeiro, você precisa reconhecer os sinais de compra e entender exatamente o que eles significam. Segundo, você deve saber quando e como usar tentativas de fechamento e fazê-las de forma mais eficaz. Terceiro, você precisa maximizar um conceito emocionante e poderoso chamado de fechamentos progressivos.

Primeiro, o que é um sinal de compra? É qualquer coisa que seu prospecto possa dizer ou fazer que indique uma possível mudança de atitude, para que ele ou ela esteja a favor da sua proposta. Eu sei que essa definição parece um pouco vaga, mas, ainda assim, é algo para ficar atento para saber se você está progredindo ou não. Embora os sinais de compra possam ser expressos de maneira diferente em diferentes países, existem certos indicadores universais que você deve observar, não importa onde estejamos.

Se os sinais de compra são coisas que seu prospecto pode dizer ou fazer, vamos ver o que seu prospecto pode dizer para mostrar que ele está se aquecendo à ideia da sua proposta de venda. Suponha que você esteja conversando com seu prospecto e ele pergunta: "Posso dar mais uma olhada nessa amostra, por favor?" ou "Posso ver esse folheto novamente?" e começa a examinar o folheto novamente. Em outras palavras, ele pode fazer algumas perguntas e querer reexaminar alguns dos pontos que você abordou com ele. Ele até pode perguntar: "Quanto você disse que isso custa?" Agora, esse é um sinal de compra muito bom!

Suponha que ele pergunte: "Isso vem na cor marrom?" Isso pode ser um sinal de compra muito bom. Pode significar que o prospecto está ficando mais interessado, que ele está se preparando para comprar. Por outro lado, pode não significar nada disso. O que você deve fazer então? Sempre que você receber o que você acha que é um sinal de compra, teste-o com uma tentativa de fechamento - vou falar sobre isso mais tarde.

Agora, vamos analisar algumas coisas que seu prospecto pode fazer. Quando comecei nas vendas, costumava sentir que, quando você entra em uma discussão sobre comunicação não verbal, está pisando em terreno perigoso. Agora, depois de ler e estudar sobre o assunto, descobri que não é terreno perigoso. Na verdade, é tão sólido quanto uma rocha. Existem certas coisas que precisamos estar cientes.

Por exemplo, já ouvi pessoas dizerem que se o seu prospecto está sentado com os braços cruzados sobre o peito, significa que ele te bloqueou completamente. Embora isso possa ser verdade na maioria das vezes, descobri que há momentos em que isso não é verdade. Pesquisas mostraram que se você baixar a temperatura em um prédio apenas alguns graus, verá muitas pessoas andando com os braços cruzados sobre o peito. Veja, se você sentir um pouco de frio, é uma resposta natural cruzar os braços para tentar se aquecer. As mulheres fazem isso mais rapidamente que os homens, mas os homens também o fazem. Portanto, se o seu prospecto estiver sentado com os braços cruzados, talvez ele esteja te dizendo: "Eu te bloqueie", ou ele está te dizendo: "Estou com frio". Não pense que apenas porque eles estão sentados assim, você está com problemas. Pode não ser o caso.

Já ouvi outras pessoas dizerem que se o seu prospecto está esfregando o queixo, significa que ele está contemplando e pensando na proposta que você apresentou. Bem, talvez ele esteja. Ou talvez ele esteja sentado lá entediado, pensando: "Tenho um encontro hoje à noite. Vou ter que fazer a barba antes de sair." Você simplesmente não sabe. A coisa mais importante a ter em mente sobre os sinais de compra não verbais - coisas que seu prospecto pode fazer - é que não há respostas absolutas, concretas, sem dúvida.

Mas você vai deixar isso te parar? Meu conselho é: sempre que você vê ou ouve o que você acha que pode ser um sinal de compra, você automaticamente faz uma tentativa de fechamento. Suponha que o prospecto esteja sentado com os braços cruzados sobre o peito, pernas cruzadas, e então se vira para você e abre bem os braços. Talvez isso seja um sinal de compra; talvez não seja. Se você não sabe, como descobrir? Você faz uma tentativa de fechamento.

Agora, o que é uma tentativa de fechamento? Como consultor de vendas profissional há muitos anos, sou muito cuidadoso para dizer a qualquer pessoa nas vendas que nada funciona 100% do tempo. Mas neste caso, posso garantir com absoluta certeza que funcionará sempre. Funcionará com todos os prospects. Nunca falhará.

Suponha que eu lhe dissesse que tenho um termômetro mágico que diria exatamente em que etapa do processo de compra seu prospecto está. A qualquer momento durante uma entrevista, você poderia colocá-lo na boca do prospecto, tirá-lo e ele lhe diria com absoluta certeza quão perto você está de fechar uma venda. Como? Ele lhe diria a temperatura de compra do seu prospecto. Está fria, morna, quente ou fervendo e pronta para comprar? E seria certo todas as vezes, sem falhas. Você gostaria de ter um desses? Isso é conhecido como uma tentativa de fechamento. É o termômetro do vendedor.

Novamente, o que é uma tentativa de fechamento? Muito simplesmente, é uma pergunta que você faz que lhe dá a opinião do prospecto. Se você faz uma pergunta de fechamento, você pede ao prospecto para decidir. Se você faz uma tentativa de fechamento, você simplesmente pede a ele para lhe dar a sua opinião.

Aqui estão três técnicas simples que o ajudarão a fazer uma tentativa de fechamento. Primeiro, simplesmente pergunte de forma ampla e geral: "Sr. Jones, com base no que discutimos até agora, como isso soa para o senhor?" Agora, tudo que você fez foi pedir a opinião do prospecto. Ouça atentamente o que eles dizem, e isso lhe dirá o que fazer em seguida.

Outra maneira de fazer uma tentativa de fechamento é pegar qualquer pergunta de fechamento e colocar a palavra "se" na frente dela. Você transformou uma pergunta de decisão em uma pergunta de opinião. Por exemplo, se você fizer uma pergunta de fechamento, seria algo como: "O senhor pagará à vista ou em parcelas sem juros?" Agora, se você colocar a palavra "se" na frente dessa pergunta e transformá-la em uma pergunta de opinião, ficaria assim: "Se conseguirmos nos entender e avançarmos, o senhor acha que preferiria pagar à vista ou em parcelas sem juros?" Ao colocar "se" na frente de uma pergunta de fechamento, você a transformou em uma tentativa de fechamento.

A terceira técnica é uma das mais poderosas na tentativa

de fechamento: deixe o prospecto dizer o que está pensando falando em nome de outra pessoa. Veja, algumas pessoas são tão educadas que não lhe dirão por que não estão avançando, por que não estão comprando. Elas são muito educadas. Elas não querem ferir seus sentimentos. O que você faz quando percebe que o prospecto não está sendo aberto e sincero com você? Você diz algo como: "Sr. Jones, como o senhor acha que seu chefe vai reagir a essa ideia?" Agora, quando o prospecto lhe diz o que o chefe vai dizer, adivinhe o que você acabou de descobrir? O que o prospecto está pensando. Veja, ele vai deixar o chefe ser o vilão.

Suponha que eu esteja falando com o chefe. Eu poderia dizer: "Sr. Chefe, o que o senhor acha que seus funcionários vão dizer sobre isso?" ou "Sr. Chefe, como a senhora acha que sua secretária vai reagir a isso?" Quando eles respondem a essa pergunta, eu descubro exatamente o que eles estão pensando e sentindo. É bastante eficaz.

Por exemplo, tenho um cliente que tem me enrolado. Adivinhe o que acontece se eu perguntar: "Como a senhora acha que sua esposa vai se sentir em relação a isso?" Esse cliente vai deixar sua esposa ser a vilã. Ou eu poderia dizer para a esposa: "Como o senhor acha que seu marido vai se sentir em relação a isso?" Isso tira a esposa da jogada e permite que o marido seja o vilão.

Pratique essas três técnicas para testar de forma mais eficaz a temperatura de compra do seu prospecto por meio da resposta dele. Digamos que você ouça a resposta, o que você faz? Isso depende da resposta do seu prospecto àquela tentativa de fechamento. Suponha, por exemplo, que você pergunte ao prospecto: "Sr. Jones, com base no que discutimos até agora, como isso soa?" Ele responde: "Ótimo! Mal posso esperar para começar. Estive pensando nisso e mal posso esperar para avançar!" O que você acha que deve fazer então? "Bem, Sr. Jones, você segura a caneta, obrigado, e eu movimento o papel." Em outras palavras, feche a venda. Essa é uma resposta positiva. Se você colocasse o termômetro na boca do prospecto e dissesse: "Com base no que discutimos até agora, como isso soa?", e ele respondesse: "Muito bom, mal posso esperar para começar", ele está bem entusiasmado.

Por outro lado, suponha que você pegue seu termômetro e pergunte: "Sr. Jones, com base no que discutimos até agora, como isso soa?" e ele responda: "Bastante bom", meu termômetro ficou embaçado. Você não consegue ler. Então, o que você pode fazer se não consegue ler o termômetro é reinserir a pergunta: "Como o senhor quer dizer com isso?" Em outras palavras, faça outra tentativa de fechamento. Então, quando você voltar com seu termômetro, a névoa se dissipou e você pode claramente ler o que o prospecto está lhe dizendo.

A terceira forma de fazer isso é: "Sr. Jones, com base no que discutimos até agora, como isso soa?" e ele diz: "Na verdade, não estou muito animado, pois não vejo como você irá entregar isso dentro do prazo. Qual é a temperatura de compra dele nesse caso? Ele está frio como gelo. Então, você, como um vendedor profissional, terá que fazer mais algumas vendas.

Portanto, você tem três opções para tomar sempre que receber uma resposta a uma tentativa de fechamento. Primeiro, você vai pedir o pedido e fechar a venda. Segundo, você pode fazer outra tentativa de fechamento. Por último, você pode continuar vendendo e oferecendo mais fatos, mais benefícios e mais evidências de apoio para convencer seu prospecto de que ele está justificado em comprar.

Para recapitular, vimos os sinais de compra e as tentativas de fechamento e como usá-los. Vamos agora falar sobre as "tentativas de fechamento progressivas" - um conceito poderoso e empolgante que é simples e fácil de usar.

Veja como funcionam as tentativas de fechamento progressivas: começo dizendo, "Sr. Jones, com base no que discutimos até agora, como isso soa?" e o prospecto responde, "Bastante bom." Volto imediatamente à tentativa de fechamento e pergunto, "O que o senhor quer dizer com isso?" e ele diz, "Bem, me parece uma boa ideia. Parece que poderemos fazer isso funcionar."

Quando ouço isso, faço outra tentativa de fechamento mais específica, "Sr. Jones, na sua opinião, você acha que implementar esse conceito na sua fábrica valeria um investimento razoável do seu tempo?" "Sim, eu acredito que valeria a pena. Sem problemas nesse aspecto."

É nesse momento que me torno ainda mais específico, "Você acredita que valeria a pena, digamos, um investimento único de alguns dias com você e seu gerente de produção para acertarmos todos os detalhes?" e ele responde, "Sem problemas, isso pode ser organizado."

Em seguida, vou além, "Você acha, Sr. Jones, que implementar esse conceito e aumentar sua produtividade valeria um investimento razoável do seu dinheiro?" e ele diz, "Certamente seria razoável." Por fim, preparo-me para a proposta final, "Você acha que valeria um investimento único de $200.000?" e ele responde, "Claro, isso parece justo."

Observe que tudo o que fiz foi me tornar cada vez mais específico. "Sr. Jones, você vê alguma razão real para não prosseguirmos e começarmos?" Então ele responde, "Com certeza não." É nesse momento que digo, "Parabéns, Sr. Jones. Se o senhor aprovar isso, cuidaremos dos detalhes." E com isso, acabei de fechar uma venda.

Vamos voltar e preencher as lacunas. Começamos com uma tentativa de fechamento: "Com base no que discutimos até agora, como isso soa?" Meu prospecto respondeu: "Bastante bom." Em segundo lugar, pergunto: "O que o senhor quer dizer com isso?" Isso permite que o prospecto se explique, para que eu entenda o que ele quer dizer com "bastante bom".

Depois disso, começo a ser um pouco mais específico: "Você acha que valeria um investimento razoável do seu tempo?" Se o prospecto disser "Sim", fico ainda mais específico: "Você acha que valeria a pena, digamos, investir dois dias com você e seu gerente de produção?" Em outras palavras, eu apenas especifico quanto tempo. Ele responde "Sim". Em outras palavras, o prospecto ainda está positivo comigo.

Mas observe que ainda não pedi a ele uma decisão; estou apenas pedindo uma opinião. Em seguida, volto e digo, "Você acha que valeria um investimento razoável do seu dinheiro?" ou "Você acha que seria um investimento razoável do seu dinheiro?" Ele responde "Sim". Vamos ser mais específicos agora. "Você acha que valeria a pena, digamos, um investimento único de $200.000?" Ele responde "Sim".

Adoro essa próxima pergunta. "Sr. Jones, você vê alguma razão REAL pela qual não deveríamos prosseguir?" Ele responde "Não". É nesse momento que peço a ele o pedido. "Sr. Jones, se o senhor aprovar isso, cuidaremos dos detalhes." E com isso, acabei de fechar uma venda.

Abra os olhos e os ouvidos quando estiver conversando com prospectos em entrevistas. Você quer observar e ouvir os sinais de compra. Sempre que detectar o que você acredita ser um sinal de compra, você deve fazer uma tentativa de fechamento imediatamente. Teste isso. E, com base na resposta do prospecto, você pode fechar a venda, fazer outra tentativa de fechamento ou continuar a vender.

Quando você pode usar uma tentativa de fechamento? A qualquer momento. Eu posso entrar e, logo de cara, fazer uma tentativa de fechamento. "Sr. Jones, se houvesse uma maneira de tornar o seu trabalho mais fácil e talvez aumentar os seus lucros no processo, você gostaria de saber mais sobre isso, não é mesmo?" Agora, suponha que meu prospecto responda imediatamente: "Claro que sim. Cara, eu realmente gostaria. Eu tenho trabalhado demais e preciso melhorar os resultados financeiros." O que o meu termômetro está me dizendo? Ele está receptivo. Agora, ele ainda não sabe de nada, mas pelo menos está receptivo à ideia! Você vê, posso fazer uma tentativa de fechamento a qualquer momento.

Faça essas coisas e você verá que fecha muito mais vendas rapidamente. Você vê, só existe um momento para fechar uma venda, e é quando o prospecto está pronto. Se você observar os sinais de compra, ouvir o que ele diz e observar o que ele faz, se você fizer tentativas de fechamento com frequência, verá que pode fechar com muito mais confiança e rapidez.

Então, em conclusão, deixe-me fazer uma pergunta — uma pergunta de tentativa de fechamento. Como você vê os conceitos de sinais de compra e tentativas de fechamento?

E como você se sente em relação às objeções? Você está pronto para enfrentá-las? Vamos abordar como lidar com elas no próximo capítulo. Parece bom?

EM RESUMO

- Um sinal de compra é qualquer coisa que um prospecto possa dizer ou fazer que indique que ele está inclinado a comprar.
- Uma tentativa de fechamento é uma pergunta que você faz para obter a opinião do prospecto.
- Três técnicas simples de tentativa de fechamento: 1) Pergunte de forma geral: "Sr. Jones, com base no que discutimos até agora, como parece para você?" 2) Pegue qualquer pergunta de fechamento e coloque a palavra "se" na frente dela. "Se conseguirmos chegar a um acordo e seguir em frente, você acha que gostaria de pagar tudo de uma vez ou em parcelas sem juros?" 3) Deixe o prospecto dizer o que está pensando, falando em nome de outra pessoa. "Sr. Jones, como você acha que seu chefe vai reagir a essa ideia?"
- Após uma tentativa de fechamento, você pode: 1) Pedir o pedido e fechar a venda. 2) Fazer outra tentativa de fechamento. 3) Continuar vendendo.
- A tentativa de fechamento progressiva consiste em uma tentativa de fechamento genérica seguida de tentativas de fechamento cada vez mais específicas.
- O melhor momento para usar uma tentativa de fechamento: a qualquer momento.

COMO LIDAR COM ESSAS MALDITAS OBJEÇÕES

ENTENDENDO OS SEIS TIPOS DE OBJEÇÕES. ESCOLHENDO QUANDO RESPONDER ÀS OBJEÇÕES. DUAS COISAS A FAZER ANTES DE RESPONDER A UMA OBJEÇÃO. QUATRO MANEIRAS DE RESPONDER A UMA OBJEÇÃO.

A maioria dos vendedores vê as objeções como obstáculos irritantes para fechar uma venda. Eles deveriam vê-las como degraus para mais negócios. Vou discutir três coisas: os diferentes tipos de objeções que você pode receber, os quatro momentos em que você pode responder a uma objeção e como responder a objeções.

Primeiro, nem todas as objeções são iguais e, portanto, não devem ser respondidas da mesma maneira. Existem seis tipos diferentes de objeções. O primeiro é o que eu chamo de objeção "genuína" ou "real". Essencialmente, é uma objeção que é muito real e genuína para o seu cliente em potencial e que você deve superar antes de conseguir fechar a venda e obter o negócio.

O segundo tipo de objeção é a objeção "preconceituosa". Talvez você pense que as pessoas não deveriam ter mais preconceitos, mas elas têm. E às vezes você pode receber uma objeção que pode soar assim: "Sabe, eu só compro produtos feitos no meu país. Gasto meu dinheiro aqui." Isso soa um pouco preconceituoso, não é?

O terceiro tipo de objeção é a "procrastinação". Parece

algo como: "Bem, parece bom, deixe-me pensar sobre isso." Ou "Deixe-me dormir sobre isso." Ou "Vou entrar em contato com você na próxima semana" ou "Vou discutir isso com meu sócio" ou "Vou apresentar ao conselho". Embora eu tenha listado a procrastinação como um tipo de objeção, na verdade não é uma objeção. É a maneira do seu cliente em potencial lhe dizer algo. Pode ser que haja uma objeção real, mas ele é uma pessoa muito educada para dizer isso a você porque não quer magoar seus sentimentos. Ou pode ser uma maneira de dizer: "Eu acredito no que você me disse, só não quero isso o suficiente".

O quarto tipo de objeção é o que chamamos de "meia-verdade". É uma objeção que seu cliente em potencial lhe dará, que é parcialmente verdadeira e parcialmente falsa. O cliente pode dizer algo como: "Eu adoraria participar do seu programa de treinamento em vendas, mas entendi que vocês precisam praticar muito e fazer muitos exercícios de papel, além de falar em público para o grupo. Isso não é para mim." Isso é parcialmente verdadeiro e parcialmente falso. No treinamento em vendas, há muita prática e exercícios de papel, mas em todo o treinamento que fiz ao longo dos anos, nunca peguei alguém da plateia e os fiz fazer discursos para o grupo.

O quinto tipo de objeção que você pode receber é a objeção "irrespondível". Suponha que eu esteja vendendo serviços financeiros e entre na loja XYZ, conheça o proprietário do negócio e comece a conversar. Assim que ela descobre que sou do Banco KLM, ela diz: "Agradeço muito por você ter vindo. Estou lisonjeada. Mas meu marido é o gerente da agência do banco logo ali na rua." Agora, não há resposta para isso! O que eu faço? "Obrigado, Sra. Gerente, foi um prazer conhecê-la. Tchau!" E eu vou embora. Não posso responder, é uma situação sem esperança. E não faz sentido tentar.

Por fim, o sexto tipo de objeção que você pode receber é o que eu chamo de objeção "trivial". Suponha que eu esteja sentado conversando com um gerente de um negócio altamente bem-sucedido. E quando falo com ele sobre enviar sua equipe de vendas para participar de um programa de eficácia em vendas, ele responde: "Você sabe, eu adoraria, mas não podemos pagar." Você riu disso? Essa foi minha reação também.

Você receberá objeções triviais por uma das duas razões: ou seu cliente em potencial tem uma objeção real e não quer lhe dizer qual é, então ele lhe dará algo trivial para se livrar de você. Ou ele pode simplesmente querer brincar com você. Isso já aconteceu comigo, aposto que já aconteceu com você também.

Quando você deve responder às objeções? Existem quatro momentos em que você pode responder a uma objeção. Primeiro, você pode fazê-lo imediatamente. Suponha que eu receba uma objeção genuína, e é uma objeção que devo responder antes de poder fechar a venda. Se for vantajoso para mim, eu a responderei imediatamente.

Um segundo momento para responder a uma objeção é mais tarde. Suponha que eu esteja conversando com alguém e essa pessoa me apresenta uma objeção real e genuína. Eu posso decidir pegar essa objeção e deixá-la de lado por enquanto, sabendo que se eu lidar com ela mais tarde, fará muito mais sentido na mente do meu cliente em potencial. Além disso, ela se encaixará melhor na continuidade do que estamos conversando e fará mais sentido para ele.

Aqui está um ponto chave: se você pegar uma objeção e precisar deixá-la de lado, diga: "Sr. Jones, se estiver tudo bem para você, gostaria de deixar isso de lado por enquanto e discuti-lo um pouco mais tarde". Se você fizer isso, certifique-se de se lembrar de que deixou a objeção de lado e que precisa voltar a ela.

Um terceiro momento em que você pode responder a uma objeção é antes mesmo de ela surgir. Agora, você pode estar pensando: "Espera aí, você não pode fazer isso". Quando eu comecei a ouvir repetidamente as mesmas duas objeções: "Não tenho tempo" e "Não posso pagar". Agora, se eu sei que provavelmente vou receber essa objeção, por que não lidar com ela antes que o cliente em potencial possa me apresentá-la? Como? Você simplesmente transforma a objeção em um fato forte e um benefício sólido para o seu cliente em potencial. Por exemplo, "Sr. Jones, uma das coisas que você mais vai gostar ao usar este produto é que o investimento total é de apenas X dólares, o que significa que você está obtendo qualidade que durará a vida toda sem qualquer tipo de pressão financeira. Tenho certeza, Sr. Jones, de que você pode lidar com X dólares sem nenhum problema, certo?" E eu balanço a cabeça. Agora, quando eles balançam a cabeça de volta, eles não podem voltar depois e me dizer: "Não posso pagar, não tenho dinheiro". Eu lidei com isso antes que surgisse.

Suponha que eles digam: "Não tenho tempo". "Sr. Jones, uma das coisas que você vai gostar sobre como esse conceito funciona é que ele requer apenas uma hora por semana durante oito semanas, o que lhe dá tempo suficiente para saber que você vai desenvolver habilidades e benefícios duradouros, mas não é tão longo a ponto de se tornar monótono e entediante. Além disso, é fácil encaixar na sua agenda e é totalmente entregue online. Tenho certeza de que você pode reservar uma hora por semana sem nem precisar sair do seu escritório, não é mesmo?" e eu balanço a cabeça. Portanto, você pode responder a uma objeção antes mesmo de ela surgir.

O quarto momento para responder a uma objeção é nunca. Isso mesmo, há algumas objeções às quais você nunca vai responder. Se você receber uma objeção sem esperança, basta fechar sua pasta e sair. Não há resposta, então você não poderia responder mesmo. E se você receber uma objeção insignificante, alguma bobagem, não desperdice seu fôlego.

Nós já vimos seis tipos de objeções e os quatro momentos para respondê-las. Agora, vamos ver como responder às objeções. Existem duas regras concretas que você deve seguir para cada objeção, sem exceções. Regra número 1: Você deve esclarecer a objeção. Regra número 2: Você deve suavizar ou amenizar a objeção.

Agora, o que eu quero dizer com esclarecer uma objeção? Suponha que eu esteja conversando com meu cliente em potencial e ele diz: "Isso parece bom. Eu simplesmente não posso pagar." O que isso significa? Isso significa que ele não tem o dinheiro no bolso? Isso significa que ele não tem no bolso agora, mas vai receber o salário no final do mês e terá naquela época? Isso significa que ele não tem as credenciais de acesso ao banco pela internet? Isso significa que ele está tão quebrado que não tem nem duas moedas para esfregar? O que significa "eu não posso pagar"?

A primeira coisa que faço é esclarecer. Como? Vamos supor que, após fazer minha apresentação, eu pergunto ao cliente em potencial: "Como isso soa para você?" e ele responde: "Isso parece ótimo, mas eu simplesmente não posso pagar." Eu então perguntaria: "Como você quer dizer?" E você sabe o que ele fará? Ele apenas se explicará, despejando todo tipo de informação por aí. Suponha que ele responda: "Isso parece ótimo. Eu simplesmente não tenho tempo." Eu perguntaria então: "Bem, como você quer dizer?" Novamente, ele se explicará mais detalhadamente. Meu ponto aqui é: não tente responder a uma objeção até ter certeza de que entendeu qual é a objeção.

Já aconteceu com você de receber uma objeção e, internamente, ficar tão animado porque você planejou e preparou uma resposta magnífica, então você se alonga e explica com grande entusiasmo e vitalidade essa resposta lindamente planejada que deu a ele? E quando você finalmente para de falar, o cliente em potencial diz: "Bem, não, não era isso que eu queria dizer. O que eu queria dizer era blah blah blah."? E tudo o que você pode dizer é: "Ah!"? Regra número 1: Nunca, nunca tente responder a uma objeção antes de esclarecê-la primeiro.

A Regra Número 2 diz que você deve suavizar ou amenizar a objeção. A maioria dos vendedores, ao lidar com objeções, entra em uma partida de pingue-pongue com seus clientes em potencial. Eles entram no que eu chamo de "venda de pingue-pongue". O vendedor tem uma conversa de pingue-pongue que vai assim: "Sr. Jones, aqui está um fato interessante. Sim, senhor, e aqui vem um benefício suculento." E então faz um teste de fechamento: "Sr. Jones, como isso soa para você?" E o cliente em potencial diz: "Soa bem, MAS..." e rebate com uma objeção. A maioria dos vendedores comuns não se preocupa, no entanto. Eles apenas rangem os dentes e dizem: "Sim, MAS..." e rebatem com uma resposta. E o cliente em potencial diz "Sim, MAS..." e outra objeção. Meu ponto é: nunca, nunca diga "Sim, MAS..." para seu cliente em potencial. Isso é muito argumentativo. Em outro contexto, soa assim: "Você é casado, não é?" "Sim, senhor." "Sabe, acho que vi você e sua família jantando outro dia. Você tem uma esposa adorável e filhos lindos, MAS..." e a outra pessoa responde: "Mas o quê, seu idiota?" Você entende o que "Sim, MAS..." faz? Isso cria um mecanismo de defesa imediato - é uma venda de pingue-pongue. Não jogue pingue-pongue, não diga "Sim, MAS...". Suavize. Amenize.

O que é uma amenização? Uma amenização é uma declaração feita pelo vendedor em resposta a uma objeção, mas antes de respondê-la, que afirma um ponto de concordância entre o cliente em potencial e o vendedor. Deixe-me demonstrar:

Suponha que meu cliente em potencial diga: "Soa bem, mas eu não posso pagar." Eu então pergunto: "Como você quer dizer?" Ele diz: "Bem, eu simplesmente não tenho o dinheiro. As coisas têm estado um pouco apertadas ultimamente e eu simplesmente não acho que posso encaixar isso no meu orçamento." Agora, ouça minha amenização: "Sr. Jones, gerenciar seu dinheiro de forma eficaz certamente é importante para todos os empresários, não é?" Eu concordei com a objeção? Não! Mas encontrei um ponto no que o cliente em potencial disse com o qual pude concordar.

Outro exemplo: Suponha que meu cliente em potencial diga: "Eu adoraria fazer isso, mas não tenho tempo." "Sr. Jones, como você quer dizer?" "Olha, eu já saio duas noites por semana e estou muito ocupado. Não tenho tempo." "Sr. Jones, controlar as 168 horas que você tem em sua semana é algo com que todos nós temos que lidar, não é?" Agora, concordei que ele não tinha tempo? Não. Mas encontrei um ponto no que ele disse com o qual pude concordar? Sim. Embora eu ainda não tenha respondido à objeção, simplesmente fiz uma declaração em resposta à objeção, antes de respondê-la, que estabelece um ponto de concordância entre mim e meu cliente em potencial.

Vamos rever as duas regras. Primeira: sempre esclareça. Segunda: amenize. Uma vez que você tenha feito essas duas coisas, estará pronto para responder à objeção. Como fazer isso? Se você está procurando por alguma fórmula mágica para lidar com objeções, não existe mágica. É simplesmente uma questão de habilidade profissional em vendas. Vamos ver algumas ideias que o ajudarão a lidar com essas objeções.

Uma maneira de lidar com uma objeção é simplesmente explicá-la. Frequentemente, seu cliente em potencial lhe dará uma objeção, mas, essencialmente, é mais um pedido por informações adicionais. Portanto, você esclarece, ameniza e, em seguida, passa para uma explicação. Diga: "Aqui está um fato. Aqui está um benefício. Aqui está outro fato. Aqui está outro benefício." E então você faz uma tentativa de fechamento para descobrir se o cliente aceitou sua resposta.

Outra maneira de lidar com uma objeção é simplesmente negá-la. Às vezes, eu nego categoricamente a objeção do cliente, mas depois de ter feito isso, devo então explicar por que neguei. Mas observe: Certifique-se de ter seguido os dois primeiros passos - esclarecer e amenizar - antes de negar e prosseguir com a explicação.

A terceira maneira é permitir que o cliente responda sua própria objeção. Uma das maneiras mais poderosas de responder a objeções é fazer perguntas e permitir que o cliente responda sua própria objeção.

Suponha, por um momento, que você seja um vendedor comissionado e que sua renda pessoal seja afetada pelo número de vendas que você faz. Estou falando com você sobre a participação em um programa profissional de desenvolvimento de vendas. E você me diz: "Não posso pagar." Primeiro passo, eu esclareço: "Como você quer dizer, Sr. Jones?" "Bem, você sabe que eu simplesmente não tenho o dinheiro." Segundo passo, eu amenizo: "Sabe, obter um bom retorno para os dólares que você investe é algo com o qual todos nós temos que nos esforçar." E então eu começo a fazer perguntas: "Sr. Jones, você é um vendedor comissionado, correto?" "Sim." "Por que você não tem o dinheiro?" "Eu não tenho feito muitas vendas." "Por quê?" "Eu simplesmente não tenho saído para fazer as visitas..." "O que está te impedindo de fazer as visitas?" "Estou com muito medo. Não tenho confiança para fazer isso." "Bem, se você tivesse confiança e superasse esse medo, você acredita que aumentaria suas vendas?" "Sim!" "Se você aumentasse suas vendas, acredita que isso aumentaria sua renda?" "Sim!" "Com base no que conversamos até agora, você acredita que o programa que estamos discutindo o ajudaria a desenvolver essa confiança em um nível mais elevado, para que você possa aumentar essas vendas e colocar mais dinheiro no seu bolso?" "Sim, eu acredito que sim." "Onde você acha que seria o melhor lugar para conseguir o dinheiro?"

Agora, observe algo importante aqui: eu não assumi o problema do cliente, não é mesmo? E não lhe disse nada. Eu estava fazendo perguntas. Deixo o cliente resolver seu próprio problema. "Bem, não sei onde poderia conseguir." "Bem, se te prendessem e dissessem que você precisaria de X dólares para sair da cadeia, o que você faria?" "

Ah, provavelmente ligaria para o meu pai." "Você acha que seu pai lhe emprestaria o dinheiro para sair da cadeia?" "Sim!" "Você acha que seu pai ajudaria você a dar um passo para se melhorar?" "Tenho certeza de que sim." "Qual é a atitude mais inteligente?" "Conseguir o dinheiro com meu pai." "Parabéns, Sr. Jones. Assine aqui mesmo, e iremos falar com seu pai." Você vê como é possível fazer perguntas?

A quarta ideia é um ponto chave que complementa esta, e é bastante poderosa na forma de lidar com a objeção: a técnica de "reverter". Muitas vezes, a objeção do cliente é, na verdade, a verdadeira razão pela qual eles devem comprar seu produto ou serviço. Vamos voltar ao exemplo do vende-dor: Depois de eu ter esclarecido e amenizado, o cliente diz: "Não posso pagar." Eu digo: "Como você quer dizer?" "Eu simplesmente não tenho dinheiro." "Você sabe, gerenciar o dinheiro é algo que todos nós precisamos prestar atenção."

Agora, observe a reversão: "Sr. Jones, você sabe que o fato de você não ter o dinheiro agora para participar desse programa é provavelmente o motivo pelo qual você deve prosseguir e começar agora. A razão pela qual menciono isso é..." e então eu prosseguiria com uma explicação. Veja, quando eu reverto a situação, isso tende a esclarecer a audição dele. Agora ele está pensando: "Espere um minuto, você está me dizendo que a razão pela qual eu não vou fazer isso é a razão pela qual eu deveria?" Isso mesmo. Agora, isso vai fazer com que ele fique mais atento e você tem a garantia de que pelo menos ele ouvirá sua explicação.

Você vê, não há mágica no manejo das objeções. Mas se você praticar os princípios e conceitos que discuti com você, você verá que está transformando o que você achava que eram objeções difíceis em oportunidades para mais negócios.

Depois de lidar com as objeções do seu cliente, como você prossegue para fechar efetivamente a venda? Esse é o assunto do próximo capítulo.

EM RESUMO

- Os seis tipos diferentes de objeções: 1) Real. 2) Preconceito. 3) Adiamento. 4) Meia-verdade. 5) Incontestável. 6) Trivial.
- As quatro vezes em que você pode responder a uma objeção: 1) Imediatamente. 2) Mais tarde. 3) Antes de surgir. 4) Nunca.
- Como responder a uma objeção: 1) Esclarecê-la. 2) Amenizá-la. 3) Em seguida, escolher entre: A) Explicá-la. B) Negá-la. C) Fazer perguntas e permitir que o prospecto responda. D) Utilizar a técnica de "reverter".

DESPERTE O FECHADOR QUE HÁ EM SI

QUANDO FECHAR. QUATRO OPÇÕES PARA FECHAR UMA VENDA. FECHAR É A CONCLUSÃO NATURAL DE UMA ENTREVISTA DE VENDAS.

Você tem o instinto de fechador? Você sabe como fechar uma venda e fazê-lo com confiança? Isso requer o domínio de dois conceitos poderosos: como fechar e, igualmente importante, quando fechar.

Quando você pensa sobre essa questão de fechar, a coisa mais importante a ter em mente antes de saber como é quando. Existe apenas um momento, e somente um momento, para fechar uma venda. E esse momento, de forma simples, é quando seu prospecto está pronto para comprar. Se você pedir o pedido antes do prospecto estar pronto para comprar e receber um "não", você duplicou seu trabalho, porque agora você terá que trabalhar mais para transformar o "não" em um "sim". Portanto, é importante não pedir o pedido até saber qual será a resposta do prospecto. Veja, eu posso fechar com muita confiança quando sei que a resposta será "sim", e você também poderá.

Vamos ver como saber quando seu prospecto está pronto para comprar. Muito simplesmente, é apenas testar a temperatura de compra do prospecto ao longo do caminho. Como você faz isso? Você faz um fechamento de teste. Um fechamento de teste é fazer uma pergunta de opinião em vez de uma pergunta de tomada de decisão. Em vez de pedir ao prospecto para decidir, você pede ao prospecto para dar uma opinião.

Uma das maneiras mais simples e fáceis de fazer isso é com estas palavras: "Sr. Jones, com base no que abordamos até agora, como isso soa para você?" Tudo o que você fez foi fazer uma pergunta do tipo opinião. Quando o prospecto responder e der uma resposta, ele não está decidindo; ele está expressando sua opinião. "Sr. Jones, com base no que abordamos até agora, como isso soa?" Então, ouça com muita atenção o que seu prospecto diz neste momento. Com base na resposta do prospecto à sua pergunta de fechamento de teste, você precisa fazer uma escolha. Você pode fechar a venda ali mesmo, usar outro fechamento de teste ou continuar vendendo fornecendo fatos adicionais, benefícios para o comprador e evidências adicionais.

Como você sabe qual caminho seguir? Deixe-me ilustrar. Suponha que eu diga ao meu prospecto: "Sr. Jones, com base no que abordamos até agora, como isso soa para você?" E o prospecto responde: "Passos, acho que parece absolutamente fantástico. Eu venho pensando nisso nos últimos três meses e mal posso esperar para começar!" Agora, isso é uma resposta forte, concorda? O que você faz? Fecha a venda, certo? Entrega a ele a caneta e o deixa assinar o documento.

Por outro lado, suponha que, depois de perguntar a ele, "Sr. Jones, com base no que abordamos até agora, como isso soa?" ele responda: "Bem, muito bom." O que é "muito bom"? O que é "muito bom" para um pode não ser tão bom para outra pessoa. Vou usar outro fechamento de teste porque "muito bom" não me disse muito. Vou voltar com outro fechamento de teste, outra pergunta de opinião: "Como você quer dizer, Sr. Jones?" Depois que ele responder a essa pergunta, saberei qual é a definição dele de "muito bom" e poderei decidir como devo prosseguir a partir daí.

Mas vamos supor que, depois de perguntar: "Com base no que abordamos até agora, como isso soa?" Ele responda: "Bem, Passos, olha, eu simplesmente não acho que você esteja nem perto. Seus preços estão muito fora de linha, sua entrega é muito lenta e não vejo motivo para mudar." Você concorda que estou enfrentando um prospecto frio? O que ele acabou de me dizer é: "Olha, Passos Dias Aguiar, você tem mais trabalho de venda a fazer".

Portanto, tenha em mente essas três escolhas que você vai fazer sempre que testar perguntando uma pergunta de opinião. Se você souber quando fechar, é apenas uma questão de pedir o pedido. É uma questão de agir.

Você sabe, eu poderia te mostrar todas as técnicas fofinhas e cativantes sobre como fechar uma venda. Já li livros que dizem: "Vamos te ensinar 53 técnicas infalíveis de fechamento". Já fui a seminários, e ouvi palestrantes dizerem: "Vamos te ensinar 234 maneiras diferentes de fechar uma venda". Não vou desperdiçar seu tempo. Estou convencido de que se você aprender e usar as próximas quatro ideias que vou discutir, isso é tudo o que você precisa para fechar 90% das suas vendas com mais eficácia e com maior confiança.

Suponha agora que eu tenha testado e recebido uma resposta positiva do meu prospecto. Eu perguntei: "Com base no que abordamos até agora, como isso soa?" e ele respondeu: "Muito bom. Estou empolgado com isso, mal posso esperar para começar." Então, uma maneira de fechar a venda é simplesmente ser muito direto nesse momento e dizer ao seu prospecto o que fazer. Dê uma instrução ao seu prospecto. Eu chamo isso de "fechamento instrucional".

Pode ser assim: "Sr. Jones, com base no que abordamos até agora, como isso soa?" "Muito bom, Passos. Mal posso esperar para começar." "Fantástico, Sr. Jones. Parabéns pela sua decisão. Se você aprovar isso aqui para mim, cuidarei dos detalhes." Em outras palavras, diga a ele o que fazer. Olhe diretamente nos olhos dele e dê uma instrução. Eu lhe entregarei uma caneta, apontarei onde ele deve assinar e direi para fazer.

Vamos ver uma segunda maneira de fechar uma venda. Eu chamo isso de "fechamento por pressuposição". É quando você simplesmente assume uma atitude que diz ao prospecto que está tudo resolvido e eu apenas assumo que não há problema em lugar nenhum. "Sr. Prospecto, com base no que abordamos até agora, como isso soa?" "Soa muito bom, Passos. Mal posso esperar para começar." "Fantástico. Estou empolgado em trabalhar com você. Vou até o carro buscar as duas peças de que você precisa para começar. Você poderia pedir para a sua secretária cuidar das informações da garantia? Volto já." E então, eu saio. Quero dizer, está feito. Eu simplesmente assumo que não há problemas, nenhuma preocupação.

Esse fechamento por pressuposição é muito semelhante ao fechamento instrucional. Eu simplesmente assumo uma atitude que diz ao prospecto: "Está tudo resolvido, você acabou de comprar" e assumo que não há problema em lugar nenhum. "Sr. Jones, com base no que abordamos até agora, como isso soa?" "Soa muito bom, Passos." "Ótimo. Vou recolher as informações necessárias e deixar tudo com sua secretária. Entrarei em contato." E estou fora. Está feito. Eu simplesmente assumo que não há problemas, nenhuma preocupação. É muito simples. É muito semelhante ao fechamento instrucional.

Uma terceira maneira de fechar a venda é simplesmente o que eu chamo de fechamento alternativo. Isso é algo que aprendi que é universal em todos os lugares que vou, ao redor do mundo. Por exemplo, suponha que esta tarde você tenha ido a uma loja de roupas e decidiu comprar um novo casaco. Você escolhe o item que deseja comprar, vai até o caixa onde está o vendedor, eles vão pegar o item de você e dizer: "Será em dinheiro ou no cartão?" Em outras palavras, eles deram a você uma alternativa.

Se, nesse ponto, você responder "dinheiro", você comprou? Claro que sim. Se você disser "coloque no cartão", você comprou? Claro que sim. Não importa o que você diga. Agora, vamos voltar ao nosso exemplo anterior. "Sr. Jones, com base no que abordamos até agora, como isso soa?" "Fantástico, Passos. Mal posso esperar para começar." "Muito bom, Sr. Jones. Devemos agendar suas entregas para o dia 5 do mês ou seria melhor no dia 25?" Agora, não importa o que o prospecto diga, ele comprou. "Bem, Passos, você melhor cuidar disso no dia 5." Ou "Não, o dia 25 será melhor." ou "Olha, Passos, dá para ser no dia 15?" Não importa o que ele diga, ele comprou.

Uma quarta maneira de fechar uma venda é um método poderoso e emocionante, mas simples. É o que eu chamo de "fechamento por ponto ou detalhe menor". Suponha que eu diga ao prospecto: "Sr. Jones, com base no que abordamos até agora, como isso soa?" e ele diga: "Passos, parece muito bom. Mal posso esperar para começar." "Fantástico, Sr. Jones. Você quer que seu nome completo esteja no contrato?"

Agora, suponha que ele responda: "Sim, preencha." ele acabou de comprar? Ou suponha que eu tenha dito: "Você quer que seu nome completo esteja no contrato?" e ele diz: "Não precisa, John Jones é suficiente." ele ainda comprou? É um ponto menor, um detalhe menor, mas significa que não há preocupações no esquema geral das coisas. Tudo está bem. Fechar com base em um ponto menor torna tudo simples, torna tudo fácil.

Observe que há uma atitude que permeia os quatro métodos. Se você fez seu trabalho como um vendedor profissional e conduziu com sucesso seu prospecto pelo processo de compra, testou com um fechamento de teste e sabe que seu prospecto está pronto para avançar, fechar é apenas uma conclusão natural de uma entrevista de vendas bem-sucedida.

Deixe-me compartilhar um conselho com você. Em todos os anos em que fui um vendedor profissional, uma coisa sempre me deixa apreensivo: o vendedor vai às ruas dia após dia, fazendo apresentações para possíveis compradores e depois sai pela porta sem ter pedido o pedido. Fico absolutamente chocado. Não faça isso! Nunca saia do escritório de um prospecto sem pedir a ele para comprar. Qual é a pior coisa que ele pode dizer? É "não!" É o mesmo "não!" que é garantido se você não pedir o pedido. Portanto, peça a eles para comprar!

Há um discurso de vendas que qualquer pessoa pode usar e que garante resultados. Você quer saber qual é? É este: "Olá. Sou Passos Dias Aguiar da ABC Corporation. Gostaria de ter o seu negócio. Posso ter o seu negócio, por favor?"

Estou perfeitamente disposto a sair e fazer visitas com qualquer pessoa, não importa o que ela venda, e vamos andar na rua de uma pessoa para outra e essa será toda a nossa apresentação: "Olá. Sou Passos Dias Aguiar. Este é Carson Carter. Representamos a ABC Corporation e viemos conquistar o seu negócio. Podemos ter o seu negócio, por favor?" Se essa for a única apresentação que você tem, apenas porque você pediu o pedido, você não vai chegar ao horário do almoço antes que alguém lhe dê algum negócio.

Lembro-me de quando estava fazendo algumas visitas com um banqueiro e estávamos conversando com um proprietário de empresa comercial que tinha negócios com outra instituição financeira. Estávamos conversando com ele sobre deixar aquela instituição financeira e vir para a nossa. Estávamos sentados lá por cerca de vinte minutos, e a conversa não estava realmente indo a lugar nenhum. Então, eu me inclinei para frente na cadeira, apoiei os cotovelos na mesa do prospecto e disse com um grande sorriso no rosto: "O que precisamos fazer para ter um pouco do seu dinheiro em nosso banco?" E sabe o que ele fez? Ele sorriu de volta! Ele disse: "Você está realmente falando sério, não está?" Eu disse: "Sim, senhor! Viemos conquistar o seu negócio! Podemos ter um pouco do seu dinheiro em nosso banco?" E sabe o que ele fez? Ele nos deu um pouco!

Qual é a pior coisa que ele poderia ter dito naquele momento? "Não". Muitas pessoas querem transformar o fechamento em algo cativante, algo intrigante. Não complique demais as coisas. Um bom fechador não é nada mais do que um bom vendedor, porque você realmente não pode fechar até ter conduzido o prospecto até o ponto em que ele está pronto para comprar. E você sabe se está lá fazendo o que já abordamos antes.

Para resumir, tenha em mente como fechar, mas igualmente importante, quando fechar. Quando você fecha uma venda? Quando seu prospecto está pronto para comprar.

Se o seu prospecto estiver pronto, você tem quatro opções para fechar uma venda. Você pode ser direto e dizer a eles o que fazer. Você pode usar a abordagem pressuposta e simplesmente assumir o controle completo e começar a fazer o que precisa ser feito para fechar a venda. Você também pode fechar usando a alternativa, dando a eles uma opção para escolher, ou pode fechar usando o ponto menor.

Qualquer que seja a abordagem, certifique-se de pedir o pedido. Nunca, jamais saia pela porta sem ter pedido o pedido, e peça sem medo, peça sem hesitar e peça sem falhar. Você vai descobrir que fecha muito mais vendas com muito mais confiança se fizer isso.

EM RESUMO

- Use um fechamento de teste para determinar se seu prospecto está pronto para comprar.
- Feche a venda usando um dos seguintes 4 fechamentos: 1) O fechamento instrucional. 2) O fechamento pressuposto. 3) O fechamento alternativo. 4) O fechamento do ponto menor.
- Fechar é a conclusão natural de uma entrevista de vendas.
- Nunca deixe o prospecto sem pedir o pedido.

O BOMBEAMENTO DE ÁGUA E A
ARTE DE CONSTRUIR O SUCESSO

A SABEDORIA DOS TEMPOS EM UMA ÚNICA
FRASE. COMO BOMBEAR SEU CAMINHO
PARA O SUCESSO.

Há muito, muito tempo, um velho rei convocou os homens mais sábios do seu reino. Ele disse a eles: "Eu quero que vocês saiam pelo mundo e compilem para mim a sabedoria dos tempos. Coloque-a em forma de livro encadernado, para que eu possa deixá-lo como meu presente para a humanidade." Os homens sábios saíram e trabalharam por um longo período de tempo. Eles voltaram com 12 enormes volumes. O velho rei olhou para os livros e disse: "Bem, tenho certeza de que isso é a sabedoria dos tempos. Mas é muito longo. Vocês precisam condensar, ou as pessoas não vão lê-lo."

Os homens sábios se dedicaram a condensar a sabedoria dos tempos. Depois de um longo período de tempo, eles retornaram com apenas um enorme volume. Novamente, o velho rei disse: "Ainda está muito longo. Vocês precisam condensar mais ou as pessoas não vão lê-lo."

Eles continuaram trabalhando nisso e voltaram com um capítulo, depois com uma página, depois com um parágrafo, e finalmente chegaram a uma única frase. O velho rei leu a frase, sorriu e disse: "É isso, isso realmente é a sabedoria dos tempos, e assim que todos os homens em todo o mundo entenderem isso, teremos um mundo muito melhor para viver." A frase simplesmente dizia:

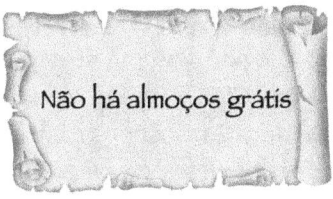

Não há almoços grátis

Muitas pessoas ainda pensam que existe almoço grátis, que a vida lhes deve um sustento. Muitas pessoas param de procurar trabalho assim que encontram um emprego. Como aquele cara que, quando alguém perguntou: "Há quanto tempo você trabalha na empresa?", respondeu: "Desde que ameaçaram me demitir." Ou aquele outro sujeito, um encarregado, que foi questionado: "Quantas pessoas você tem trabalhando para você?" e ele respondeu: "Aproximadamente a metade delas."

Essas anedotas ajudam a enfatizar um ponto: a teoria mais bonita do mundo não funcionará se você não se esforçar. As pessoas adoram criar teorias que resolvem todos os problemas do mundo. Mas, a menos que essas teorias sejam respaldadas pelo trabalho árduo, nada vai acontecer.

Na mesma linha, a educação é muito importante e uma coisa linda de se ter, mas chega um momento em que ela precisa se tornar habilidades utilizáveis. Pode ser em gestão, pode ser em vendas, pode ser em qualquer área, mas ela precisa se tornar parte do processo produtivo.

No mercado de trabalho, as pessoas bem-sucedidas não têm empregos, os empregos as têm. Elas colocam todo o seu esforço e energia em seu trabalho, apaixonam-se pelo que estão fazendo e fazem a diferença.

As pessoas bem-sucedidas sabem que assinam seu nome em cada trabalho que realizam. Isso é sua marca, sua reputação, seu legado. Elas seguem o exemplo de Renoir. Na velhice, o grande pintor estava com artrite. Ele só conseguia segurar os pincéis com as pontas dos dedos e sofria enormemente ao pintar. Mas ele continuou a pintar. Seu amigo Matisse, também um grande pintor, perguntou: "Por que você se submete a tanta dor?" Renoir simplesmente respondeu: "A dor passa, mas a beleza permanece."

Para resumir e ilustrar, deixe-me contar uma história. A maioria dos leitores não está familiarizada com as antigas bombas de água manuais, mas em áreas rurais ainda é possível encontrar algumas em funcionamento.

Operando uma bomba de água manual

Isso é o que aconteceu com Bill e Fred, dois velhos amigos. Eles estavam viajando por uma dessas áreas rurais, estava quente e eles ficaram com muita sede. Eles viram essa antiga bomba de água perto da estrada. Bill parou o carro e correu até a bomba de água. Ele segurou a alavanca e começou a bombear. Depois de bombear por alguns minutos, ele se virou e disse: "Fred, você melhor pegar o balde ali, e pegar água desse riacho, vamos ter que preparar a bomba."

Deixe-me explicar que essas bombas precisam ser mantidas em um circuito fechado de água para funcionar. Se o ar entra na câmara de bombeamento, ele deve ser removido preparando a bomba. A preparação é feita enchendo a câmara da bomba com água. E esse é um ponto crucial na vida. Antes de conseguir algo, você precisa colocar algo dentro. Muitas pessoas ficam na frente do fogão da vida e dizem: "Fogão, me dê calor. Então eu vou colocar lenha em você." Não é assim que funciona. Com que frequência o funcionário vai ao empregador e diz: "Me dê um aumento agora, e me coloque no comando. Se você me pagar mais e me colocar no comando, então eu vou começar a chegar no horário, vou começar a ter um bom desempenho. Me coloque no comando porque eu funciono melhor quando estou no controle." Bem, não funciona assim. O aluno vai ao professor e diz: "Me dê uma nota de aprovação, por favor. Se você me der uma nota de aprovação, prometo que vou estudar a partir de agora." Novamente, não funciona assim. Você consegue imaginar um fazendeiro dizendo: "Eu não plantei nada este ano, mas estou esperando por uma grande colheita. Se vier, prometo que no próximo ano vou plantar mais do que qualquer um." Não funciona assim. Você precisa preparar a bomba, precisa colocar algo dentro, e precisa bombear muito. Bem, estava quente, Bill e Fred estavam com muita sede, eles queriam aquela bebida de água. Mas quanto trabalho eles estavam dispostos a fazer para conseguir aquela bebida de água? Quanta persistência você tem para alcançar seu objetivo? Se não acontecer imediatamente, você está disposto a trabalhar um pouco mais, um pouco mais tempo, um pouco mais entusiasmado? A bomba também nos ensina essa segunda lição: você precisa persistir; você precisa estar disposto a bombear muito.

Bem, Bill estava com sede. Ele realmente queria aquela bebida de água. Mas estava muito quente, ficando mais quente a cada momento, ele estava suando muito e finalmente ele apenas jogou as mãos para o alto. Ele disse: "Fred, simplesmente não há água lá embaixo." Mas Fred disse: "Não pare Bill, não pare. Se você parar, a água volta tudo lá para baixo, e então você tem que começar tudo de novo."

Se você bombear o tempo suficiente, com força suficiente e entusiasmo suficiente, eventualmente a recompensa seguirá o esforço e a água começará a fluir. E uma vez que a água começa a fluir, tudo o que você precisa fazer é manter um esforço constante e você acabará com mais água do que pode beber.

O problema com a maioria das pessoas é que elas querem a recompensa antes de fazer o esforço, ou desistem antes de chegar ao fim e não conseguem a recompensa. Essas pessoas ainda acreditam no mito do almoço grátis, mas isso não existe, então a coisa inteligente a fazer é...

Continue bombeando!

EM RESUMO

- A sabedoria dos séculos: "Não existe almoço grátis".
- Antes de obter algo da vida, é preciso colocar algo dentro.
- A coisa inteligente a fazer é: **continue bombeando!**

SOBRE O AUTOR

Passos Dias Aguiar personifica a essência de um mestre vendedor e negociador no estilo antigo. Ele possui uma trajetória notável, tendo se formado com as mais altas honras, summa cum laude, pela Universidade dos Desafios. Ao longo de sua carreira brilhante, Passos acumulou uma coleção de troféus de vendas, prêmios e cheques de comissão, todos servindo como provas tangíveis de sua expertise e sucesso.

Após alcançar o ápice de sua carreira em vendas, Passos fez uma transição igualmente notável para o papel de palestrante e consultor internacional em vendas e negociação. Seus serviços são muito procurados, pois ele possui uma habilidade incrível para fornecer resultados excepcionais e mensuráveis para seus clientes. Com sua vasta experiência e conhecimento, Passos ajudou inúmeras pessoas e empresas a alcançarem um crescimento notável em vendas e sucesso nas negociações.

Agora aposentado, Passos reside em uma bela vila no Algarve, Portugal, onde encontra imensa alegria em aproveitar o sol, saborear peixes deliciosos e se deliciar com os ricos vinhos da região. Embora tenha deixado para trás sua vida profissional ativa, Passos continua desfrutando dos frutos de seu trabalho e apreciando os prazeres da vida em seu tranquilo lar português.

ISTO É SABER

POR grátis

PENSAR PARA
VENDER

PDA